福祉・介護の職場改善

リーダーの役割を果たす

大坪信喜［著］

実務教育出版

はじめに

私は、今から20年前、自由経済の下、競争原理が当たり前のグローバル企業から何の知識もない福祉の現場に飛び込みました。そしてそこで大きなカルチャーショックを受けたことを今でもはっきりと覚えています。

その当時の福祉事業は、国が規制をかけて保護している業界でした。ですから自由経済とは対極にあったわけです。そうした環境もあってか、その職場では、時間がゆっくりと流れていました。企業の経営効率一辺倒に疲れていた私はとても癒された記憶があります。と同時にそこで働く人々が一つの目標に向かって組織的に指揮統制されるということがまったくない世界でもありました。今まで組織で働く上で常識と考えていたことがそこでは常識ではありませんでした。そうした経験から私にとって福祉現場の「組織マネジメント」というテーマが、重要な関心事になりました。

あれから20年。福祉・介護業界の環境も様変わりしました。福祉・介護事業は、従来からの社会福祉法人に加えて株式会社、医療法人、生活協同組合、農業協同組合などの営利法人も参入するようになっています。しかし、どのような経営体であっても福祉・介護の現場は20

年前と大きく変わったという感じがしません。専門職中心の職場という特殊性が目標を共有して組織として働くということに馴染みにくいのかもしれません。

福祉・介護業界では、職員の専門性向上ということで専門分野の知識技術研修が盛んに行われていますが、「利用者満足」、「サービスの向上」という命題は、なかなか実現できていないように感じます。それはなぜなのか。私はこの本を通してそのことについて書いてみたいと思いました。

アメリカのある著名な社会起業家は、「社会事業といえども〝良き思い〟だけでは存続できない時代になった。これからの社会事業には、企業が備えている戦略とマネジメントが不可欠である」というようなことを述べています。

私は、福祉・介護現場のマネジメント不在が「利用者満足」や「サービスの向上」の実現を難しくしているのではないかと考えています。

マネジメントの中核を担うのは現場のリーダーである中間管理職です。現場のリーダーが専門分野の知識・技術の習得だけにとどまらず、組織マネジメントの知識・技術を備えてそれを日々の仕事に取り入れていくことで1＋1が3にも4にもなり、それが「利用者満足」や「サービスの向上」につながっていくものと信じています。課長や係長、主任といった現場のリーダーの方々が専門職としてだけでなく、組織の中間管理職としての役割を感じていただき、現場の改善に役立てていただければ何よりの幸せです。

本書の執筆にあたり、全国の社会福祉法人や介護事業所の役職員のみなさまから多くを学ばせていただきました。ここに感謝申し上げます。

また、社会福祉法人福寿園の古田勝美会長からは、これまで深くて大きな愛情と数えきれないほどの薫陶を賜りました。また、同じ福寿園の山田浩三理事長は、若輩で生意気な私をいつも温かく見守ってくださいました。さらには、社会福祉法人土佐厚生会の藤田生稔会長は、駆け出しだった私に多くの機会を与えてくださいました。この場をお借りしまして深く感謝申し上げます。

最後に、本書の出版にあたり実務教育出版販売部の島田哲司部長には、企画段階から大変お世話になりました。また、第1編集部編集課の瀬﨑浩志課長には、執筆途中からご担当いただき、大変ご苦労をお掛けしました。この場を借りてお礼申し上げます。

平成26年盛夏

大坪　信喜

福祉・介護の職場改善

リーダーの役割を果たす

目次

PART 1　あなたは「リーダー」にふさわしい働き方をしていますか

1　なぜあなたが職場のリーダーに選ばれたかを考えてみよう　2

2　専門職の仕事とは180度違うリーダーの役割　4

3　福祉・介護の役職者に見る5つの問題点　16

（1）スタッフに自部署の目標や課題を示せない

（2）経営サイドと現場サイドのパイプ役であるという認識が足りない

（3）利用者に対する関心ばかりで、スタッフや組織に関心がない

（4）スタッフの育成に熱心でない。スタッフが辞めても自分の責任とは考えない

（5）現場が忙しいのは人が足りないからと思い込んでいる

4　プレーイング・マネジャーとしての仕事のやりがいとは　20

PART 2　福祉・介護事業所であっても、組織で仕事をすることに変わりはない

1　「組織で仕事をする」ことの意味とは　24
（1）「組織の秩序」と「職場内コミュニケーション」の2つが職場風土を決める
（2）4つの組織風土
2　組織を円滑に回すための5つの原理・原則を押さえておく　29
（1）命令一元化の原則
（2）管理範囲の限界
（3）権限委譲
（4）責任と権限の一致
（5）集団規範の厳守
3　リーダーを任されたあなたはどんな役割責任を負っているのか　35
（1）自分の部署の目標や課題をスタッフと共有する
（2）目標や課題を克服するために、役割分担を決める

(3)任せっぱなしにするのではなく、どこまで進んでいるか自分の目で確かめる
(4)スタッフみんなが働きやすい職場環境を整える
(5)スタッフの離職を防止するため、日頃から人間的な関わりを持つ
(6)目標を達成する上での課題や問題点を上司に報告し、支援が得られるよう働きかける

4　嫌われる上司とは　43
(1)特定の人間の意見に左右される
(2)失敗はスタッフ個人のせい、手柄は自分のもの
(3)上司（役職者）とは威張るものと勘違いしている
(4)卑屈になる
(5)感情をすぐに表に出す
(6)人前でスタッフを叱りつける
(7)信賞必罰がない
(8)スタッフの意見を聞かない
(9)決断力がない
(10)言うこととすることが違う
(11)相手の立場に立ってものごとを考えることができない
(12)公私の別に甘い

5　福祉・介護の仕事の本質とは　49
（1）対人サービスの特性
① 職員の質とは何か
② 対人サービスはコミュニケーション（感情）労働
（2）職場のコミュニケーションに重要な3つの傾聴レベル
① 個人レベルでの傾聴
② 集中レベルでの傾聴
③ 全体レベルでの傾聴
（3）コミュニケーションの基本はまず「自分を知る」ことから
6　リーダーは何を基準に判断しなければならないか　59
（1）倫理・憲法・法令・経営理念を判断の拠りどころとする

PART 3　リーダー次第で事業所の経営のよしあしが決まる

1　福祉・介護の事業所も淘汰の時代を迎えている　64

2　福祉・介護事業所の経営のあり方　66
（1）理念によりスタッフの考え方、働き方のベクトルを合わせる
（2）環境変化による影響を踏まえて、目標を数値化する
（3）リーダーは環境の変化に応じて仕事を見直す
（4）目標を達成するのは経営者ではなく現場
3　リーダーとしての「ヒト・モノ・カネ・トキ」の捉え方　74
（1）「ヒト」の有効活用
①　パート、アルバイトにも当事者意識を持ってもらう
②　現場力で業者を有効活用する
③　ボランティアには感謝の念で接して事業所のファンになってもらう
（2）「モノ」の有効活用
（3）「カネ」の節約とサービス向上は両立する
（4）簡単に浪費されてなおかつ一番高価な「トキ」……なぜ現場はいつも忙しいのか
①　時間ドロボーの正体①　学習しない上司・役職者
②　時間ドロボーの正体②　奴隷型利用者満足主義
③　時間ドロボーの正体③　優先順位思考の欠如
④　時間ドロボーの正体④　ムダな会議が繰り返されて貴重な時間が浪費される

4　利用者サービスには熱心でも職場運営に関心がないリーダー　96
（1）バタバタと現場を忙しく動き回るのがリーダーではない
（2）現場のベテラン専門職がリーダーにふさわしいか？
（3）組織の中での現場リーダーの立ち位置

PART 4　スタッフが働きやすい職場環境に気を配る

1　経営の3者満足とは　104
（1）従業員満足（ES）とは？
（2）従業員満足（ES）と利用者満足（CS）との関係
（3）経営満足（MS）は結果である
2　福祉・介護スタッフの不満とやりがい　112
（1）事業所の理念や運営のあり方への不満が離職理由のトップ
（2）アメリカの専門職の不満要因と満足要因
①　職場において精神衛生上良くない出来事とは？
②　職場においてやる気を促す出来事とは？

3　自分の職場の問題点を把握する　121
（1）職場のスタッフの意識を知るためのモラールサーベイとは？
①　経営満足度とは？
②　上司満足度とは？
③　利用者（顧客）満足度とは？
④　労働条件満足度とは？
⑤　職場生活満足度とは？
4　リーダーになったら「就業規則」を理解しておく　131
（1）就業規則が職場のルール
（2）従業員としての権利と義務を理解すること
（3）就業規則を日々の労務管理の基準とする
（4）権利が先か義務が先か

PART 5　福祉・介護スタッフの人材育成と労務管理のポイント

1　職員の質は人間力　140

2 職員スタッフの行動のメカニズム(原因・プロセス・結果)とは? 142
(1)行動の「原因」となるのは知識と技能
(2)知識はマニュアルレベルの「形式知」だけでは足りない
(3)態度・姿勢・熱意が成果を決める
3 福祉・介護スタッフの育成のポイント 146
(1)仕事に対する考え方の基準を合わせる
(2)仕事に対する価値基準を作る
4 福祉・介護の職場の人事労務管理のポイント 150
(1)人事労務管理はなぜ必要か
(2)自分の「思い」だけの集団に一体感はない
(3)現場での仕事のやり方がサービスや経営に直結する
5 働きやすい職場にするために知っておいて欲しい労務管理とは 155
(1)人事・雇用管理
■中途採用者が多いことによる特殊な職場風土
■人の採用や教育に時間もお金もかけないという問題
■リーダーは利用者よりスタッフに関心を持って

■リーダーは仕事について定期的にスタッフ個人と面接をすること
(2)現場の作業管理はだれの仕事か？
(3)同時に2つのことをやるようにする
(4)トヨタの業務改善
(5)今、現在行っている業務スケジュールははたして最適か
(6)勤務表作成に魂を入れる
(7)スタッフに給与明細の見方を教える
(8)教育訓練についての一考
■行政や業界団体主催の専門職研修だけに頼る危うさ
■OJTは作業の指示をすることではない
■OJTを行う場面と方法、タイミングなど

PART 6 事業所の経営成果に責任を持つ

1 赤字になったら経営は続かない 180
(1)リーダーの意識、考え方によって成果が違ってくる
(2)売り上げは、利用者のサービス単価×利用者数

2　仕事の成果を数値で判断する　184
（1）事業所の収入を決定する指標
■利用者1人1日当たりのサービス単価を頭に入れて仕事をする
■1日の利用者数が多いほど
（2）事業所の生産性を決定する指標
■利用者10人当たり職員数を押さえておく
（3）事業所の従業員満足度を評価する指標
■離職率の危険水域

PART 7　リーダーは現場で起きる問題から逃げてはいけない

1　福祉・介護の現場で起こるさまざまなトラブル　200
（1）利用者の事故
（2）スタッフの当日になっての急な欠勤
2　〝困ったスタッフ〟への対応策　209
（1）自分のやり方に固執するタイプ
（2）新しい理論や考え方に批判的なタイプ

(3)「何をやっても変わらない」と斜に構えているタイプ
(4)「一生懸命やっているから自分たちは何も変える必要がない」と言い張るタイプ
(5)「人さえ増やせば解決する」と何も考えないタイプ
3 業務改善は小グループ活動で小さな成功を積み重ねる 215
(1)24時間交代勤務に有効なブレーンストーミングとKJ法の活用
(2)リーダーは他責ではなく自責で考える
4 リーダーは志を抱いて目標に向かっていく 221

装幀者・宮川和夫事務所
装幀イラスト・内田コーイチロウ
本文イラスト・海老原直美

PART 1

あなたは「リーダー」にふさわしい働き方をしていますか

1 なぜあなたが職場のリーダーに選ばれたかを考えてみよう

この本を手にしたあなたは、主任や係長、あるいは課長といった肩書を持っている方々でしょう。と同時に介護職員であったり、生活相談員であったり、支援員、看護師、あるいは保育士といった専門職でもあると思います。

あなたは、今まで現場の専門職として利用者サービスに熱心に取り組まれてきたことでしょう。また、勤続を重ねることで、現場の問題点や課題などもよくご存じだと思います。そのようなあなただからこそ、経営層は、あなたをリーダーに登用したわけです。

それでは、経営層は、リーダーに登用したあなたが現場でどのような役割を担ってくれることを期待しているでしょうか。おそらく以下のようなことを期待しているのではないでしょうか。

①施設・事業所の方針をしっかり理解した上で、組織の目標達成に向かってスタッフを有

効に活用して欲しい。

②採用した新人を大切に育てて、一人前にして欲しい。

③スタッフに公平・公正に接して、職場の風通しを良くして欲しい。

④業務の「ムリ・ムダ・ムラ」を摘み取って、現場の生産性を上げて欲しい。

⑤上からの方針や指示をしっかり受け止め、自分の言葉にしてスタッフに正確に浸透させて欲しい。

⑥会議は、業務改善やサービス向上につながるようにしっかり運営して欲しい。

⑦職場の規律やルールをしっかり守るようスタッフを教育し、かつ指揮統制して欲しい。

この7つを見てみると、今まで専門職として果たしてきた役割や仕事の仕方とはまったく異なった役割、仕事であることに気づかれると思います。

2

専門職の仕事とは180度違うリーダーの役割

専門職とは、サービスを受ける立場の利用者に対して、何かしらの貢献をする人たちです。

一方、リーダーとは、サービスを提供する立場の職員スタッフに対して、組織の一員として個人はどうあるべきか、どのような行動をとらなければいけないかということを理解してもらい、かつ働きかけを行っていくという役割があります。

つまり、リーダーとは、個人を組織へとつなげて一体感のもとに生産性を上げること、日々の利用者サービスが経営に直結するということを理解して、福祉・介護の職場では分断されがちなこの2つ（個人と組織。サービスと経営）をつなげる重要なパイプ役でなければならないのです。

したがって専門職とリーダー職とでは、その仕事の捉え方やスタンスが180度違います。専門職がリーダーになる場合、まずこの違いを意識して、この垣根を越えていくところから始めなければならないでしょう。

図表1－1（6～8ページ）は、福祉・介護事業所のリーダー・管理職に求められるスキルや役割を示しています。読者のみなさまは一度、この自己点検に取り組んでみていただければと思います。そして、自分は現場のリーダーとして何が足りないのか、何を意識していないのか、どこが弱いのか、現状の意識と実務レベルについて把握していただければと思います。

図表1－2（9ページ）は、実際に記入していただいた方の例ですが、これを見ますと管理職に求められるスキルや役割について自分の弱い分野と強い分野をおおざっぱに押さえることができます。この例でいいますと、人事管理が36・4％ですのでかなり努力を要することがわかります。一方、時間管理は完璧にできているということになります。こうして自分が努力すべき分野を意識して仕事をしていって欲しいと思います。

私は、福祉・介護事業所の中堅リーダー研修や管理職研修（12～15ページの図表1－3）の中で、受講者には、いつもこの「自己点検チェックリスト」に取り組んでいただいています。そして、この「自己点検チェックリスト」の個々の項目の意味するところについて講義をしています。するとその結果、受講者からは、以下のような感想や意見が寄せられます。

①今まで、リーダーとは忙しく動き回らなければならないと思っていたが、そうではなく、

■図表1-1 福祉・介護事業所のリーダーのためのチェックポイント（自己点検チェックリスト）

回答欄に当てはまる番号をご記入ください。

はい：2　どちらともいえない：1　いいえ：0

	質問項目	回答欄
1 人事管理	①職員スタッフに施設・事業所の将来展望を話していますか	
	②職員スタッフの資格や年功、経験よりも能力を重視していますか	
	③職員スタッフに当事者意識を持たせていますか	
	④職員スタッフを公平・公正に評価していますか	
	⑤職員スタッフが自発的に報告するよう躾を行っていますか	
	⑥職員スタッフの能力を引き出す努力をしていますか	
	⑦職員スタッフに個人の目標を伝えていますか	
	⑧仕事を頼むときには、その目的と背景、最終的なイメージを説明していますか	
	⑨直属の上司に対して適切に「報・連・相」を実践していますか	
	⑩職員スタッフの健康管理に配慮していますか	
	⑪職員スタッフのモチベーション向上につながることをしていますか	
	⑫職員スタッフと業務成果を共有していますか	
	⑬職員スタッフの報告や相談をきちんと聞いていますか	
	⑭職員スタッフとの挨拶は行えていますか	
	⑮定期的に職員スタッフと1対1で面談するなどして人材育成を心がけていますか	

	質問項目	回答欄
2 組織管理	①職員スタッフに方針や指示を伝える場合、文書だけ渡すのではなく自分の言葉で伝えていますか	
	②何か問題が起きても個人のせいにせず責任を果たしていますか	
	③関係ある仕事について他部署と積極的に協力していますか	
	④仕事をする際、態度・行動の「良い・悪い」の判断基準をはっきりさせていますか	
	⑤職員スタッフの業務の範囲・権限・責任が明確になるよう働きかけていますか	
	⑥間違った噂に毒されず、疑心暗鬼にならずオープンに情報確認していますか	
	⑦職員スタッフの能力・個性に応じた活用を行っていますか	
	⑧インフォーマル組織（派閥など）はフォーマルな指揮系統と対立していませんか	
	⑨職員スタッフに対して批判的・説教的態度が常態化していませんか	
	⑩自分たちの施設・事業所に誇りを感じていますか	
	⑪施設・事業所の方針を浸透させようとしていますか	
	⑫職員スタッフに的確な指示を出していますか	
	⑬部下育成やリーダーシップに関する勉強をしていますか	
	⑭言いたいことが率直に言いやすい雰囲気を心がけていますか	
	⑮目標や方針を職員スタッフと共有していますか	

	質問項目	回答欄
3 経営管理	①経営理念を踏まえて判断していますか	
	②会議などでは経営理念や方針を踏まえて発言していますか	
	③毎年の経営目標をスタッフに示していますか	
	④施設・事業所の経営資源（ヒト・モノ・カネ）の強み・弱みを把握していますか	
	⑤施設・事業所を取り巻く経営環境の機会・脅威を認識していますか	
	⑥社会保障制度や介護保険制度の最新動向を入手していますか	
	⑦前年度の課題を踏まえて次年度の事業計画を策定していますか	
	⑧事業計画の進捗管理は定期的かつ適正に行っていますか	
	⑨朝礼等で理念やビジョンを語ることがありますか	
	⑩ムダな物品購入をしないような仕組みを心がけていますか	
	⑪サービスの質を評価する指標を持っていますか	
	⑫利用者に事故があった場合、個人だけに責任を負わせていますか	
	⑬上司に対して建設的な提言を行っていますか	
	⑭施設・事業所のホームページはよく見ていますか	
	⑮自部署の３カ年程度の将来見通しを持って仕事をしていますか	

	質問項目	回答欄
4 財務管理	①予算を念頭において仕事をしていますか	
	②月次試算表を毎月見ていますか	
	③月次試算表は昨年同月との比較等により適正に分析していますか	
	④赤字の事業所がある場合、その原因を把握していますか	
	⑤自分たちの仕事に関係する費用に注意を払っていますか	
	⑥会計基準を理解していますか	
	⑦ムダな消耗品や物品の購入をしないように心がけていますか	
	⑧利用者1人１日当たりの収入を知っていますか	
	⑨大きな修繕になる前に自分たちの設備・建物を大事に使っていますか	
	⑩スタッフ各自の給与はだいたい把握していますか	
	⑪過去2カ年黒字ですか	
	⑫職員に施設・事業所の経営状況等の経営情報を説明していますか	
	⑬決算書を見て今の経営状況を把握していますか	
	⑭施設・事業所の人件費率がどれくらいか知っていますか	
	⑮会社・法人全体の経営状況を知っていますか	

	質問項目	回答欄
5 時間管理	①重要な仕事か、そうでないかを判断する基準を持っていますか	
	②自分で締め切りを決めて仕事を仕上げていますか	
	③取り組む前に、きちんと計画を立てた上で仕事を行っていますか	
	④かけた時間とアウトプットとの関係を常に気にかけていますか	
	⑤仕事の進め方に自分なりの改善や工夫を加えていますか	
	⑥会議では必ず結論を出していますか	
	⑦どんな仕事でも自分でやらなければ気がすみませんか	
	⑧複数の仕事でも同時にこなしていますか	
	⑨スキル向上のために自己投資していますか	
	⑩仕事でミスが起こっていないかを詳細に確認しますか	
	⑪他の人が残っていても、自分だけ帰るのは苦になりませんか	
	⑫会議の開始・終了の時間管理を厳しくしていますか	
	⑬残業は多いですか	
	⑭PDCAマネジメントサイクルで仕事を管理できていますか	
	⑮丁寧な仕事なら時間はたくさん使ってもしようがないと考えますか	

■図表1-2 記入例のレーダーチャート

法人名＿＿＿＿＿＿＿＿＿＿＿＿

事業所名＿＿＿＿＿＿＿＿＿＿＿＿

氏名＿＿＿＿＿＿＿＿＿＿＿＿

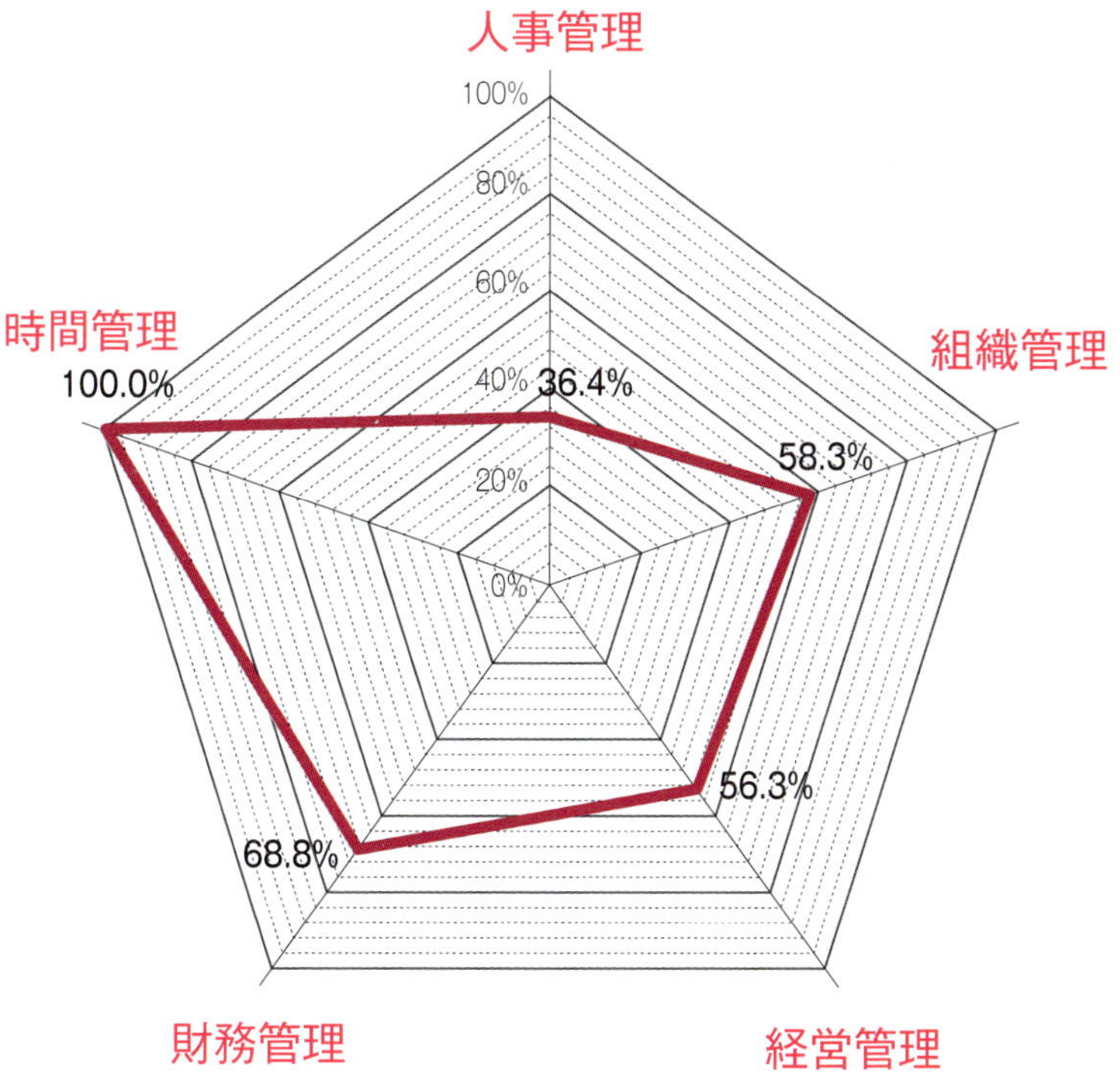

部下を見守りながら仕事を任せることの大切さを痛感しました。
②「施設や事業所への愛がない」、「利用者さんへの愛しかない」ことに気づきました。
③良い人に思われたい、嫌われたくない、といった考えでは何も変わらないことに気づきました。

この「自己点検チェックリスト」は、福祉・介護事業所の特殊性を踏まえて作成しましたが、ここにあげた「人事管理」、「組織管理」、「経営管理」、「財務管理」、「時間管理」の5つの管理分野は、何も福祉・介護事業所のリーダーだけに求められるスキルではありません。組織の中のリーダーに求められるスキルとして、一般企業でも基本は同じです。組織である以上、リーダーに求められる役割は同じだからです。

ただし、福祉・介護事業所と一般企業との大きな違いは、福祉・介護事業所の場合は、今まで事業所の方針や目標とはあまり関係ないところで、利用者のことだけ考えて仕事をしてきた専門職の方が部署のリーダーになるのに対して、一般企業の場合、新入社員のときから会社の方針や目標に沿って働いてきた人が、その延長線上で、リーダーになるという点です。

したがって、一般企業で働くリーダーの場合、働き方や考え方を大きく変える必要はなく、今までの延長線上にリーダーの役割が付加されるといった形ですが、福祉・介護事業所のリーダーの場合、専門職の延長線上にあるのではなく、その立ち位置や考え方を大きく変えていく必要に迫られるわけです。

また、リーダーになったからといって、専門職としての仕事をすべて放棄して中間管理職の役割に徹するということも、実務上難しいわけで、生活相談員の機能も持ち、課長としての役割も果たさなければならないというように、ある意味、二重構造の中で仕事をしていかなければならなくなります。

一般企業のように管理職の心得を学ぶ機会も少なく、定期的な管理職研修を受講する機会にも恵まれないと、どうしても今までの慣れた仕事、専門職としての仕事に重点が置かれ、主任や課長といった中間管理職としての本来の役割がおろそかにされてしまいます。

こうした理由から福祉・介護事業所の役職者の多くが、なかなか本来の意味でのリーダーとして機能しないのではないかと考えています。また、多くの福祉・介護事業所で実際、こうした事実をしばしば目にします。

■図表1-3 管理職養成研修の例

社会福祉法人○○会 管理職養成研修（1日目）
法人一体経営とリーダーシップ研修

法人の成長･発展に向けた法人一体経営の必要性を学ぶと共に管理職としての組織構築のあり方を考える。併せて、リーダーシップを学ぶことで組織の生産性向上を実践する。

場所:
開催日時:第1グループ:平成25年9月25日(水)（10:00 ~ 17:30　実質6時間30分）
開催日時:第2グループ:平成25年10月16日(水)（10:00 ~ 17:30　実質6時間30分）

タイムスケジュール	所要時間	内容	担当	目的
10:00 ~ 10:10	10分	開講の挨拶	法人総務部長	1
10:10 ~ 10:40	30分	【説明と演習】 管理職研修の背景とカリキュラム 管理職としての自己点検（研修前）	大坪 受講者	1
10:40 ~ 11:50	70分	【講義1】 社会福祉法人の課題と法人一体経営について	大坪	2
11:50 ~ 12:00	10分	休憩		
12:00 ~ 12:30	30分	【グループ演習】 一体経営に向けた課題と対策	受講者	2・3
12:30 ~ 13:30	60分	昼食休憩		
13:30 ~ 13:50	20分	【グループ演習】 一体経営に向けた課題と対策（まとめ）	受講者 大坪	2・3
13:50 ~ 14:20	30分	【グループ発表と講評】 一体経営に向けた課題と対策	受講者 大坪	2・3
14:20 ~ 14:30	10分	休憩		
14:30 ~ 15:50	80分	【講義2】 リーダーシップと組織論	大坪	3
15:50 ~ 16:00	10分	休憩		
16:00 ~ 16:40	40分	【グループ演習】 施設におけるリーダーシップの必要条件	受講者	3・4
16:40 ~ 17:20	40分	【グループ発表と講評】 施設におけるリーダーシップの必要条件	受講者 大坪	3・4
17:20 ~ 17:30	10分	質疑応答及びアンケート記入	受講者 大坪	5

ねらい
1. 管理者研修の目的　　2. 法人一体経営意識醸成
3. リーダーシップの理解　　4. 理解浸透のため　　5. 理解度測定のため

社会福祉法人○○会 管理職養成研修（2日目）
経営とサービスのリスクマネジメントと財務管理研修

管理職としての法人リスクマネジメントを学ぶと共に財務管理を学び、財務分析手法を身につけることで収益性の向上を実践する。

場所:
開催日時:第1グループ:平成25年11月13日(水)（10:00～17:30　実質6時間30分）
開催日時:第2グループ:平成25年11月27日(水)（10:00～17:30　実質6時間30分）

タイムスケジュール	所要時間	内容	担当	目的
10:00～11:10	70分	【講義1】 リスクマネジメント概論	大坪	1
11:10～11:20	10分	休憩		
11:20～12:00	40分	【個人演習】 自施設の事故事例分析	受講者	2
12:00～12:30	30分	【個人発表と講評】 自施設の事故事例分析	受講者 大坪	2
12:30～13:30	60分	昼食休憩		
13:30～14:50	80分	【講義2】 財務管理と自施設の経営分析手法	大坪	3
14:50～15:00	10分	休憩		
15:00～15:40	40分	【個人演習】 自施設決算書の経営分析	受講者	3
15:40～16:30	50分	【グループ討論】 経営分析の結果を踏まえた課題と対策について	受講者 大坪	2・3
16:30～17:15	45分	【グループ発表と講評】 経営分析の結果を踏まえた課題と対策について	受講者 大坪	2・3
17:15～17:30	15分	質疑応答及びアンケート記入	受講者 大坪	4

ねらい
1. リスクマネジメントの知識
2. 実践能力向上のため
3. 財務管理と分析手法の習得
4. 理解度測定のため

社会福祉法人○○会 管理職養成研修（3日目）
人事労務管理と人事考課研修

管理職としての人事労務管理の要諦を学ぶと共に人事考課制度を学び、部下スタッフのモチベーション向上を実践する。

場所：
開催日時：第1グループ：平成26年1月21日(火)（10:00 ~ 17:30　実質6時間30分）
開催日時：第2グループ：平成26年1月29日(水)（10:00 ~ 17:30　実質6時間30分）

タイムスケジュール	所要時間	内容	担当	目的
10:00 ~ 11:10	70分	【講義1】 人事管理と組織の士気向上	大坪	1
11:10 ~ 11:20	10分	休憩		
11:20 ~ 12:30	70分	【グループ演習】 組織の士気向上に向けた課題と対策について	受講者	2
12:30 ~ 13:30	60分	昼食休憩		
13:30 ~ 14:15	45分	【グループ発表と講評】 組織の士気向上に向けた課題と対策について	受講者 大坪	2
14:15 ~ 14:25	10分	休憩		
14:25 ~ 15:55	90分	【講義2】 人事考課制度の目的と運営手法	大坪	3
15:55 ~ 16:10	15分	休憩		
16:10 ~ 17:00	50分	【グループ演習】 人事考課表の付け方（事例検討）	受講者	4
17:00 ~ 17:20	20分	【グループ発表】 人事考課表の付け方（事例検討）	受講者	4
17:20 ~ 17:30	10分	質疑応答及びアンケート記入	受講者 大坪	5

ねらい
1．人事労務管理を学ぶ
2．実践能力向上のため
3．人事考課制度を学ぶ
4．人事考課制度の理解促進
5．理解度測定のため

社会福祉法人○○会 管理職養成研修（4日目）
社会福祉事業の経営戦略と事業計画策定研修

社会福祉事業の経営戦略を学ぶと共にSWOT分析を通して施設の成長・発展を目指す事業計画の策定手法を学ぶ。

場所：
開催日時：第１グループ：平成26年２月12日（水）（10：00～17：30　実質６時間30分）
開催日時：第２グループ：平成26年２月18日（火）（10：00～17：30　実質６時間30分）

タイムスケジュール	所要時間	内容	担当	目的
10：00～11：30	90分	【講義1】 社会福祉事業の経営戦略	大坪	1
11：30～11：40	10分	休憩		
11：40～12：30	50分	【グループ演習】 自施設のSWOT分析	受講者	2
12：30～13：30	60分	昼食休憩		
13：30～14：10	40分	【グループ発表と講評】 自施設のSWOT分析	受講者 大坪	2
14：10～15：10	60分	【グループ演習】 自部門の事業計画作成	受講者	3
15：10～15：25	15分	休憩		
15：25～16：15	50分	【グループ発表と講評】 自部門の事業計画	受講者 大坪	3
16：15～17：00	45分	【個人演習】 自部門の予算計画作成	受講者	3
17：00～17：20	20分	質疑応答及びアンケート記入 管理職としての自己点検（研修後）	受講者 大坪	2・4
17：20～17：30	10分	閉講にあたり 受講者代表による講評	受講者代表	4

ねらい
１．経営戦略の考え方を学ぶ　　２．実践能力向上のため
３．事業計画作成に向けた理解促進　　４．理解度測定のため

3 福祉・介護の役職者に見る5つの問題点

ここで、私が今まで福祉・介護事業所で見てきた「課長・係長・主任といったリーダークラスの問題点」をあげてみます。

(1) スタッフに自部署の目標や課題を示せない

現場のベテラン職員が年功で機械的に課長・係長・主任といった役職者になっているケースが多いことも手伝って、一専門職のときと働き方が何ら変わらないというリーダーを見かけます。つまり「目の前の利用者と私」という観点でしか自分の仕事を捉えられていないというケースです。リーダーになったら、自部署の目標や日々の業務の目的をスタッフに対して明確に示す必要があります。

この、目的や目標に向かってスタッフを導いていくことができないと、スタッフは、各自が自分のしたいように仕事をするだけで、1＋1が2になりません。現場は常に忙しく「人が足りない、人が足りない」が現場の口癖になってしまいます。

（2）経営サイドと現場サイドのパイプ役であるという認識が足りない

経営サイドと現場サイドの確執が日常になっているケースを多く見かけます。経営層から指名された役職者が、一般スタッフと同じ意識で働いていたり、あるいは現場の声を代弁するのが現場のリーダーの役割だとばかり、誤った正義感で経営サイドと対立しているケースです。

現場のリーダーが経営サイドの意図をしっかり理解し、それを自分の言葉で現場に浸透させるのがリーダーの使命であるという認識が欠如しています。

（3）利用者に対する関心ばかりで、スタッフや組織に関心がない

スタッフの面倒を見るからリーダーであり、スタッフに関心がなければリーダーである意味がありません。福祉・介護事業所では「役職に就きたがらない症候群」のようなものがあります。

その背景には、責任だけが重くなり、それに伴う権限が与えられなかったり、待遇も良くならないといった問題も潜んでいますが、いずれにしても、こうした人が役職に登用される

と、「私が好きでなったんじゃないから、私は今までの仕事の仕方を変えるつもりはありません」というようなことになり、スタッフの面倒は見ないというリーダーになってしまいがちです。

(4) スタッフの育成に熱心でない。スタッフが辞めても自分の責任とは考えない

専門職としての意識が強く、利用者中心の仕事をしていると、リーダーとしての認識が希薄になり、スタッフの人材育成は経営層がやることで、自分の仕事ではないと考えてしまいがちです。そうすると現場では、新人が育たず、職場環境も良くならないため、離職も多いという結果につながります。

また、スタッフが辞めて行っても、「事業所の待遇が悪いから」とか「辞めて行ったその人個人の問題」として片付けてしまいがちで、その部署の管理監督を任されている自分にも責任があるとは考えてくれません。

一般企業の場合、自分の部署のスタッフが辞めるということは、リーダーとしての管理能力がないと見なされます。したがって、企業の管理職は常に職場のスタッフのモチベーションを気にしています。

(5) 現場が忙しいのは人が足りないからと思い込んでいる

だれもが「ムリ・ムダ・ムラ」ということは言葉としては知っています。しかし、これが毎日現場で繰り返されて、しかもなおざりにされていることにだれも頓着しない傾向があります。

この、現場で発生する「ムリ・ムダ・ムラ」を見直し、標準化して、「ムリ・ムダ・ムラ」をなくしていくことが、役職者であるリーダーの重要な業務であることが、なかなか理解されません。

リーダーになったら、専門職として利用者への関わりは2割程度に抑えて、これらの業務改善に8割の時間をかけるような仕事の仕方が必要でしょう。これができれば人が足りないという言い訳も減り、生産性も上がり、サービスの質も向上するはずです。

そのためには、「この仕事は、リーダーである自分が絶対やらなければいけない仕事なのか、スタッフに任せられる仕事ではないのか」ということを自問自答し、任せてもよい仕事はできるだけスタッフに任せて自分の時間を作る。そして空いた時間を「ムリ・ムダ・ムラ」の業務改善に充《あ》てるという行動様式が重要になります。

4　プレーイング・マネジャーとしての仕事のやりがいとは

プレーイング・マネジャーとは、自分でも日々の利用者サービスに関わりながら、一方でスタッフにもしっかり目を配り、チームとしての生産性を上げ、成果を出していくという役割です。

つまり、専門職としての働きと、管理職としての役割の2つを同時にこなすという非常に難しい立場でもあります。

プロ野球チームでいうと選手兼任監督という非常に難しいポジションです。2014年には、中日ドラゴンズの谷繁元信《たにしげもとのぶ》選手がこの選手兼任監督になりましたが、選手としての活躍より監督としての力量が問われることでしょう。

福祉・介護の現場のリーダーもプレーイング・マネジャーですが、谷繁監督のように、現場の直接的な業務よりも、いかにスタッフを目標に向けてまとめ上げていくかが問われるポジションでしょう。

それでは、プレーイング・マネジャーとしての仕事のやりがいとは、どのようなことでしょうか。

それは、自分1人がいくら頑張っても決してできないような成果を、スタッフをうまく活用して成し遂げる喜びではないでしょうか。

自分が今の2倍、忙しく走り回って働いても、おそらくスタッフの2人分の仕事をこなすことは無理でしょう。そのような働き方ではなく、自分は全体を見ながら、何が足りないか、今何をしなければならないかを見極め、それを成し遂げるためにスタッフを上手に活用することに喜びを感じるようになることが大事です。

現場を変えられるのはリーダーであるあなたです。だから面白いと思うのです。

PART 2

福祉・介護事業所であっても、組織で仕事をすることに変わりはない

福祉・介護の仕事が、いくら利用者の個別性があり、人間相手の仕事で、専門職中心の職場であったとしても、組織であることに変わりはありません。福祉・介護事業所も、１人でやっている事業所でない限り、まぎれもない「組織」です。

1
「組織で仕事をする」ことの意味とは

（1）「組織の秩序」と「職場内コミュニケーション」の2つが職場風土を決める

「組織」とは、

「特定の目標を達成するために人々の諸活動を調整し、統括するシステムのことを意味する。諸活動を調整し統括するには、そこになんらかの指導・管理の主体が存在しなければならない。それは1人の指揮者の場合もあるし、スタッフを持つ管理機関の場合もある。数人の歩行者が道路をふさぐ石を動かすために、1人の指図で全員が力をあわせるとき、そこに小さい一時的な組織が形成されている」（『日本大百科事典』、小学館）

と定義されています。

ここでいう「諸活動を調整し、統括する」という機能が、すなわちリーダーの役割です。リーダーが機能するかしないかで、組織の風土はまるっきり違ったものになります。道路をふさぐ石を動かそうとするリーダーがいなければ、人々はめいめい勝手に乗り越えていく人もいれば、立ち往生する人も出てくるでしょう。一般的に、組織風土は組織秩序と職場内のコミュニケーションででき上がるといわれています（27ページの図表2－1参照）。

組織のルール、すなわち「良い悪い」の判断基準がしっかりしていることが、秩序が良いということになります。逆に組織内で「良い悪い」の判断基準がなかったり、大きな声のスタッフの言いなりになっているような場合、秩序が悪いということになります。

一方、職場内のコミュニケーションですが、トップダウンといって、上からの情報がしっかり末端にまで行き渡るような指揮命令系統が機能していることが大事です。その際、リーダーが末端までしっかりと伝えきるという行動が必要になってきます。

また同時に、ボトムアップといいますが、下からの意見や提案などが上にしっかり上がっていくようなルートが機能していることも大事になってきます。ここでもリーダーが下からの意見や提案を集約して上に上げていくという行動が必要になってきます。

さらには、スタッフ同士や職種間の横の意思疎通も良いというのが、コミュニケーションが良いということです。この上下左右のパイプをつなぐ役割が、リーダーの役割です。

（2）4つの組織風土

図表2－1で見ると、①理想的な組織とは、組織内での「良い悪い」の判断基準がしっか

りあって、なおかつそれが守られている。さらには職場内の上下左右のコミュニケーションも円滑で、風通しが良いということになります。働きやすく生産性も高い組織風土ですので、理想的です。

それでは、②権威主義的組織とはどのようなものでしょう。トップダウンのみでボトムアップがない、威圧的な組織風土です。上からの指示命令が絶対で現場での判断は許されません。代表的な組織は官僚組織や軍隊でしょう。こうした硬直的な組織風土では、トップには都合の良い情報しか伝わらず、現場の実態をトップは何も知らないというような組織風土になり、上層部と現場が隔絶してしまいます。

次に、③仲良しグループとはどのような組織でしょうか。

組織内のコミュニケーションはある程度は良好でも、組織の秩序がない、「良い悪い」の判断基準がないため、好き嫌いや、めいめい思い思いにものごとが判断されます。

その結果、いくつかの派閥ができます。派閥の力学が強力に作用して派閥に属さない、あるいは従わないと職場の中で無視されたり、仲間はずれにされて、いじめが起きたりします。仲良しグループなので、一見、職場の雰囲気がいいように感じられますが、それは派閥に安住しているだけで、それが職場と勘違いしているからです。福祉・介護の職場ではよく見られる組織風土といえます。

■図表2-1 組織のパターン

良
②権威主義的組織
威圧的・
トップダウンのみ
①理想的な組織
トップダウンと
ボトムアップが
かみ合っている
秩
序
④烏合の衆
単なる集団・
組織的な仕事は
できない
③仲良しグループ
ものごとを
好き嫌いで判断
悪
コミュニケーション
良

実際、公式な指揮命令系統よりは派閥の方が力を持っていたりします。あるいは、一部の声の大きなスタッフによって、上からの方針や指示命令とは関係なく職場が牛耳られたりしています。また、表立っては「和気あいあい」としているので、コミュニケーションが良好のように見えて、実態をよく把握していない施設長などは、「うちの事業所は、コミュニケーションは良い」などと安閑《あんかん》としていたりします。

最後に、④烏合の衆ですが、共有する理念やルールがないため秩序もなく、職場内の上下左右のコミュニケーションも悪いという、とうてい組織とは呼べないような集団です。居酒屋でたまたま近くに坐っている同士と何ら変わりありません。こうなると目標を共有して何かを成し遂げるということは夢のまた夢です。

みんなが「私と利用者」という関係性だけで日々の仕事を捉えていると、組織としての秩序はなくなり、このような仲良しグループであったり、烏合の衆の職場ができ上がっていきます。

松下幸之助さんは、その著書『道をひらく』（ＰＨＰ研究所）の中で「組織の方針や方向性といった会社の主体性がないところでの集団は単なる烏合の衆の集まりでしかない」という言葉を残されています。筆者は、このような職場をよく見かけますが、みなさんの職場は大丈夫でしょうか。

2 組織を円滑に回すための5つの原理・原則を押さえておく

自分たちの事業所を、単なる仲良しグループや烏合の衆で終わらせないで、理想的な組織にするためには、リーダーであるあなたはどのようなことを心がけなければならないでしょうか。

以下に、組織を円滑に運営する上での5つの原理・原則をあげていきますので、押さえておいて欲しいと思います。

(1) 命令一元化の原則

常に1人の上司からのみ命令を受けるようにしなければならない、とする原則です。また、その指示・命令を受けた部下は、必ず、その上司に対してのみ「報告・連絡・相談」をするという原則です。間違っても、話がしやすいとか、自分に都合が良いということを考えて、別の上司に話を持って行くというようなことはあってはいけません。この原則をしっかり頭に入れて守りきることで「指示・命令・報告」の指揮系統が維持され、統一ある行動が保証されることになります。

一方、1人のスタッフが複数の上司から命令を受けるようになると、指揮系統が混乱し、上司やスタッフの責任があいまいになって組織として機能しなくなり、生産性が著しく低下します。

いうなれば秩序がない状態といえます。この原理・原則が認識されていない職場では、直属の上司が指示した内容をその上の上司が覆《くつがえ》すような指示命令を出して、スタッフを混乱させたりします。そうしたことが繰り返されると、直属の上司の存在理由もなくなってしまいます。また逆に、下のスタッフが直属の上司を飛び越して、いきなり施設長や理事長に話を持って行ってしまうようなことも、組織の原理・原則から見るときわめて非常識です。

さらには、こうして直属の上司を飛び越して一般職が直接トップに話を持ってきた場合、それを施設長などのトップが聞き入れて個別のルールを作ったりするのもさらに混乱を招きます。こうしたことが繰り返されると、その組織には、秩序も何もないということになっていきます。

福祉・介護事業所は専門職集団で、複数の専門職で構成されているせいか、この原則が守られない、意識されないケースをよく見かけます。

（2）管理範囲の限界

1人の上司が直接、指揮・監督できるスタッフの人数には、自ずから限界がある、という原則です。リーダーの能力や業務内容の特殊性から、管理するスタッフの数がある一定数を超えると十分に目が行き届かなくなり、管理能率が低下してしまいます。

工場でのライン作業のような場合には、一列に並んで仕事をしていますので、比較的多くのスタッフの指揮・監督が可能で、その人数は15～16名といわれていますが、福祉・介護サービスのように、スタッフ1人ひとりの仕事が密室で行われるような場合、その指揮・監督の人数は少なくなり、おおむね5～6名が限度とされています。

特養（特別養護老人ホーム）などの比較的職員が多いような職場には、主任で15～20名くらいの部下スタッフがいるというケースを見かけますが、実際、指揮・監督がしっかり機能しているのでしょうか。指揮・監督というのは、その部下スタッフの仕事ぶりをしっかり毎日見るということです。そして全員の報告、連絡、相談にしっかり対応するということです。

しかし、実際はどうでしょうか。主任や係長といった現場のリーダーが日々の利用者サービスの業務に組み込まれていて、夜勤にも入っている。その結果、昼間は3日に1日しか出勤してこない、というような実態を見かけますが、そのような体制で、はたして全員の仕事ぶりを見て指揮統制できるでしょうか。現場を回すことばかりを考えて、大事な組織づくりがおざなりになっているように感じます。理想的な組織になる上で大きな障害といえるでしょう。

(3) 権限委譲

日常繰り返される仕事は、できるだけスタッフに任せることで、リーダーは、上からの方針を現場で形にするための方法を考えたり、日々新たに生じる問題などに臨機応変に対応することができるようになるので、それによってチーム効率が上がります。また、スタッフに仕事を任せることでスタッフ自身の成長にもつながり、ひいては組織の成長へとつながっていきます。これが、「忙しい」「人が足りない」という現状からの脱皮の唯一の方法です。

ただし、これも実際はどうでしょうか。先ほどの特養の主任のケースのようなことで、リーダーが利用者サービスだけに終始しているという実態のところが多いのではないでしょうか。

みなさんは、1年前と今とを比べて、やっている仕事の中身や質は変わっているでしょうか。昨年と同じような仕事をしているとしたら、スタッフに何ら権限委譲していないということになります。

スタッフに自分の仕事を何も任せていないということは、スタッフは成長していないといえます。と同時にあなたも成長していないのではないでしょうか。

そのように権限委譲を通して仕事を任せていかないと、施設・事業所も成長していかないということになります。

（4）責任と権限の一致

「責任」は、職務を遂行する上での義務のことであり、「権限」は職務を遂行する上で与えられた力のことをいいます。いうなれば経営資源であるヒト・モノ・カネ・トキを使える権限です。職務を遂行する責任を全うするためには、それ相応の権限がなければ達成することができません。責任だけあってスタッフを使う権限がなかったり、物品やお金を自分の裁量で使える権限がなかったりしたら、はたして仕事の結果に責任を負えるでしょうか。

自分自身の時間や、自分1人の力しか与えられていないようでしたらできる仕事にも自ずと限界があります。人や人が持っている時間を使う権限があってはじめてまとまりのある仕事が達成できるのです。上の人間に権限が集中していて1万円のお金にも決裁が必要というようなことでは迅速な仕事はできないということにもなってしまいます。

責任は現場に押し付けて権限は上が持っているということになれば、権限の乱用が始まります。

原理原則として責任が伴わない権限を与えてはならない。責任と権限は一致していなければならないというのが責任と権限の一致の原則です。

(5) 集団規範の厳守

判断基準が組織内で統一され、それが全員に共有されていないと秩序は形成されません。1人ひとりが思い思いに仕事の判断基準を持っていてそれが垂れ流しにされているような職場には秩序はありません。

何を判断基準とするか。これについては拙著『会議・ミーティングを見直す』(実務教育出版)で詳しく述べましたので、詳細はそちらをご覧いただきたいと思いますが、経営理念をすべての判断基準にすることが原理原則です。何をもって社会に貢献するかということが経営理念であり、全員がそれに則して日々の判断と行動基準を合わせていくことが集団の規範になっていきます。

3 リーダーを任されたあなたはどんな役割責任を負っているのか

ＰＡＲＴ１では経営層は役職者であるあなたにどのような役割を担って欲しいと考えているかという観点でリーダーの役割を７つの項目で示しました。

ここではもう少し踏み込んで現場のリーダーの役割責任について具体的に見ていきたいと思います。

（１）自分の部署の目標や課題をスタッフと共有する

組織である以上、組織の方針に沿った目標があります。この目標をしっかり認識しておく必要があります。みなさんの事業所の今期の目標は何でしょうか。

利用者満足度の向上でしょうか。利用者数を増やすことでしょうか。経営を黒字にすることでしょうか。事故を減らして安全安心な環境を提供することでしょうか。

事業計画に掲げられている経営目標をしっかり認識することがまず第一歩でしょう。福祉・

介護事業所では、事業計画はあるもののそれを意識して日々の仕事が組み立てられているような事業所は少数派ではないかと感じています。

そこに書かれている目標を達成するために自分の部署では何をしなければならないかを真剣に考えてみてください。そしてそれが見えたらスタッフにわかり易く伝えましょう。部署のスタッフ全員と目標を共有することです。目標が共有されると一体感が生まれます。

(2) 目標や課題を克服するために、役割分担を決める

なぜ、あなたの下にスタッフが配置されているのでしょうか。

スタッフを使って事業所の目標を達成するために、スタッフが配置されています。したがってスタッフの長所や短所、得手不得手を見極めて適材適所に役割分担することを考えてください。記録の充実が課題であれば、記録の得意なだれかに記録作成の勉強会を開いてもらってもよいでしょう。記録作成のマニュアルを期限を決めて作成してもらってもよいでしょう。

要は課題や目標を共有してそれをみんなで解決したり、達成することで一体感を持たせることがリーダーの重要な役目と考えて欲しいと思います。

(3) 任せっぱなしにするのではなく、どこまで進んでいるか自分の目で確かめる

スタッフに役割分担したからといって、投げっぱなしにするだけで、どのようになってい
るか確認しないようでは困ります。全体の進捗管理はリーダーであるあなたが責任を持って
見ていかなくてはいけません。

途中で困ってしまって全然進まないスタッフがいたら励ましながらアドバイスを与えると
か、できるように何らかの支援の手を差し伸べてあげる必要があります。こうすることでス
タッフは少しずつ育っていきます。

それを達成することがスタッフ自身の成長につながるという実感を与えてやる気を引き出
してあげましょう。

ＯＪＴ（オン・ザ・ジョブ・トレーニング）の要諦は「やってみせ、言って聞かせて、させて
みて、ほめてやらねば人は動かじ。話し合い、耳を傾け、承認し、任せてやらねば、人は育
たず」（山本五十六）です。

まず自分がしっかりと見本を見せてあげる。それからどうしてこの仕事が必要なのか、そ
の理由や目的、さらには背景なども教えて聞かせる。そして実際にスタッフにやらせてみる。
最初はうまくできないし、不備なところばかりが目についたとしても、できているところを
褒《ほ》めてやらないと人は思うように動いてくれないという、人を使う上での真髄をついた教訓
です。また、教訓の後半部分は、人を育成する上で、任せることの大切さを説いています。

この山本五十六氏の教訓を頭に入れて、スタッフの育成をしてみてください。

(4) スタッフみんなが働きやすい職場環境を整える

みんなが規律を守って職場の秩序を保つことが、働きやすい職場環境に欠かせません。リーダーであるあなたは、言いにくいこともたまには勇気を振り絞って言わなくてはいけません。それが職場全体の利益につながるからです。職場全体の利益とは、だれか1人だけや少数の派閥に属している人の自由にさせないで、全員が公平・公正で安心できる職場を作ることを意味します。

(5) スタッフの離職を防止するため、日頃から人間的な関わりを持つ

仕事の指示命令だけに終始している職場は殺伐としています。褒め合うという習慣がなく、仕事でミスすると批判や叱責ばかりの職場ではなおさらです。

リーダーは意識的にスタッフとは人間的な関わりを持つようにする必要があります。ちょっとした声掛けを行いましょう。「今日は元気そうだね」とか「あれ、髪型変えた?」とかスタッフに関心を示しましょう。愛情の反対語は無関心です。人は関心を持たれると嬉しいものです。そうしたことの繰り返しが、自分はここにいていいんだとか、自分は必要とさ

れているんだという安心感につながって辞めようと思う気持ちを和らげてくれるものです。

福祉・介護事業所の経営コンサルタントという立場でさまざまな事業所に出かけていきますが、そうした中で最近よく耳にする話題は「新人がすぐに辞めてしまう」ということです。中には3日で来なくなるということも珍しくないようです。

これは福祉・介護事業所の募集・採用の問題になりますが、多くの事業所の場合、だれかが1人辞めると1人募集するという〝退職者補充方式〟が一般化しています。このような場合、どのようなことが起こるかというと、スタッフが1人辞めてしばらくするとスタッフがポツンと1人入ってくるわけです。

新しく入ってきたスタッフは、周りはみんなが経験者で1人ひとり自分の居場所があるかのように見えます。実際には、同じように最近入ってきたスタッフもいたりするわけですが、今日入ってきたスタッフにはそのようなことはわかりません。そこでポツンとまるで転校生のような精神状態に置かれるわけです。

そのような中で周りの先輩スタッフが温かく受け入れてくれればいいのですが、多くの場合、新人を受け入れるシステムが整備されていないこともあって新人に対してどのように接するかはその現場の個人個人に任されていたりします。

「経験のある即戦力だと聞いていたけど、こんなこともできないの」などと冷たい言葉が浴びせられたり、その日1日だれも口を聞いてくれなかったり、というようなこともあるようです。

実際、現場の職員さんから聞いた話ですが、就職してきた当日、受け入れしてくれるはずの主任が公休になっていて、出勤したものの何をどうすればいいかだれも教えてくれなくて大変困惑したという話を聞いたことがあります。

私は、父親の仕事の関係で学生の頃は転校が多くて、小学校のときに2回、高校で1回転校しましたが、このポツンとした状態はかなりのストレスを感じます。小学校6年の転校のときは、転校してきた1週間後が修学旅行で、行きたくなかったのですが、親に言われてしぶしぶ参加しました。ところが、最後までだれも口を聞いてくれなかったという寂しい経験があります。

大人で勤務先ということで単純には比較できませんが、組織で温かく受け入れるという風土がないと、新人は疎外感を感じてしまうことになります。

ましてや新人が入ってくる当日、受け入れ責任者の主任が公休を取っているような職場では辞めていかれるのも無理もないことのように思われます。

(6) 目標を達成する上での課題や問題点を上司に報告し、支援が得られるよう働きかける

「ボトムアップ」とは下からの意見を吸い上げて、それを上層部が意思決定に活用していくという管理手法です。リーダーは、ボトムアップを率先して進めていかなくてはいけない立場です。

利用者サービスや職員のモチベーション、現場の雰囲気などの課題について一番わかっていなくてはいけないのは、現場を統括しているリーダーです。上層部は現場で起きている問題、課題をそれほど認識していないケースが大半です。

したがって、利用者サービスを向上させるための具体的な提案や、職員のモチベーションを上げるための具体的な方策、現場の雰囲気を良くするための上層部への積極的な働きかけなどをして、現場からの提案をボトムアップしていくのがリーダーの重要な役目です。

また一方では、「トップダウン」という管理手法もあります。これは組織の上層部がいろいろなことについて意思決定して、その実行を現場に指示するという管理手法のことをいいます。

上層部から指示された方針は、現場が実行するに当たって、必ずしも容易なことばかりではありません。また、現場のスタッフにとって、一見、利害に反するような場合もあるでしょう。さらには、方針が大きすぎて、それを現場で実行していくには、現場がわかるように翻訳することが必要な場合もあるでしょう。

こうした上層部の方針を受けて、リーダーは自分の言葉にして現場スタッフに伝えていかなくてはなりません。間違っても「私は知らないけれど、上がこうしなさいと言ってるからみんなそうして」というようなメッセンジャーボーイのようなことではいけません。

このように、リーダーには上下双方向の要《かなめ》となるような働き方が求められます。この2つの管理方式が有効に機能することが理想的な組織では必須条件となります。リーダーは、この「トップダウン」と「ボトムアップ」に大きな責任を負っています。

4 嫌われる上司とは

現場では、「あの人なんかに評価されたくない」とか「あの人に私の仕事ぶりの何がわかるんでしょうか」といった率直な不満を聞くことが多くあります。

組織が決定した人事に真っ向から異を唱えるという姿勢には、組織人としての問題も感じますが、実際、そう言われても仕方のない上司（リーダー）が登用されているケースも残念ながら存在します。

ここでは、職場で嫌われる上司像を見ていきます。これは福祉・介護の職場だけでなく、一般社会でもまったく同じです。

（1）特定の人間の意見に左右される

職場の中で声の大きな人や、強く自分の意見を主張し続けるような人の意見に左右されてしまうタイプです。それによって前言がひるがえされたり、判断があいまいなままになってしまい、スタッフはだれに従っていいか、何を基準に考えればいいかがわからなくなってしまうといったことが常態化します。

リーダーに確固たる方針や見識がないと、こうしたことがその現場では常識になってしまいます。みんなにとって公平・公正に、という全体最適がおろそかにされ、利害が渦巻く部分最適な判断に終始してしまいます。

(2) 失敗はスタッフ個人のせい、手柄は自分のもの

みなさんの周りにもこうした上司がいませんか? 何か苦情や事故が起きると、すぐスタッフ個人の責任にして、管理指導といいながら個人を責め立てるタイプです。

そもそも現場で発生する問題はシステムに欠陥があるからです。役職者がそのシステムの責任を負っているということを理解していないため、平気で個人を責め立てることができるのです。そのくせ何か成果が上がったら、すべて監督している自分がやったと手柄をひとり占めにしてしまうタイプです。人間性に問題があるのではないでしょうか。

(3) 上司(役職者)とは威張るものと勘違いしている

役職に登用されたことがすなわち、自分の主観的な考えを押しつけることができる権力を

与えられたと勘違いしているタイプです。自分は偉くなったので何でも自分の思いどおりになると信じ込んでいるようなタイプです。こういうタイプは、部下にはひどい対応をしますが、上には従順で、いい顔ばかりしています。また、こうした人が上に登用されるケースをしばしば見かけます。

（4）卑屈になる

威張るタイプとは逆で卑屈なタイプです。

「どうせ自分の意見は聞いてくれないから」とか、「自分が何を言ってもみんなが動いてくれない」と言いながら、上司としての責任を放棄しているタイプです。

（5）感情をすぐに表に出す

客観的な意見や事実に基づいた提案でも、自分が批判されたと感じて、すぐに感情的になるタイプです。ものごとを正しいか間違っているかで判断せず、好き嫌いで判断する人は感情的になりがちです。

仕事は好き嫌いで判断せず、客観的にビジネスライクに行いたいものです。このタイプは福祉・介護事業所でもよく見かけます。

(6) 人前でスタッフを叱りつける

職員スタッフの面前や、利用者サービスの現場でも、はばかりなくスタッフ個人を叱りつけるタイプです。

スタッフのプライドやモチベーションに配慮することもなく、また、周りの他のスタッフに対する影響や、利用者に嫌な思いをさせていることに対しても無頓着で、上からの立場でしかものを考えることができない人です。

(7) 信賞必罰がない

本来、信賞必罰とは、良いことをした人を褒めて、しっかり評価する、一方で悪いことをした人に対しては何かしらの罰を与えるというものですが、この区別ができない人です。良い仕事ぶりに対しても褒めないし、悪い仕事ぶりや行いに対しても何も注意しないということです。さらには、良いことをしても気に入らないと注意して、一方、だれが見ても悪い行いなのに、自分に都合が良いと褒めてしまうような、公私混同をする人です。つまり公平・公正にスタッフの評価ができないということです。

こうしたことが繰り返されると、職場の規律は乱れていき、その結果、利用者満足どころではなくなってしまいます。

（8）スタッフの意見を聞かない

自分より上の立場の人間には従順なのに、部下が良かれと思って意見を言っても取り合わなかったり、相手にしてくれないタイプです。

このようなリーダーがいる部署では、何を言ってもしょうがないということで非常に風通しの悪い職場ができ上がっていきます。

（9）決断力がない

何があっても決断しない、判断できないタイプです。みんなだれもがわかっている、今起きている現象を言葉で繰り返すだけで、何も判断ができない。決断すると後で自分が責任を問われることを恐れて、あいまいな言い方に終始し、何も決断できないタイプです。

こうした職場では、だれに従ってよいかわからず、スタッフみんながめいめい思い思いの判断でバラバラな価値観が横行してしまいます。

（10）言うこととすることが違う

自分では「利用者満足」と言っておきながら、利用者のことより自分を優先したり、自分ができない、やっていないことを棚に上げて、部下にばかり要求するタイプです。

部下は気づかないふりをしていますが、こうしたことは、みんなわかっています。こうした上司が言うことはだれも真剣には聞いていません。表面的には従っていますが、腹では「何言ってるんだ」と思っています。

(11) 相手の立場に立ってものごとを考えることができない

自分の立場、自分の利害ばかりを優先しすぎて、いっさい相手の立場で考えることができないタイプです。職場を私物化している人です。

(12) 公私の別に甘い

信賞必罰のところでも書きましたが、自分と仲が良かったり、自分に都合が良い人間には良くするが、仲が悪かったり、自分に都合が良くないと厳しく当たるタイプです。

こうしてみるとリーダーはまず、人間性が良くないと務まらないということが見えてきます。管理スキルやリーダーシップの前に、まず真っ当な人間性を磨くことから始めなくてはいけないことがわかります。

5 福祉・介護の仕事の本質とは

ここでは福祉・介護サービスの仕事の本質を詳しく見ていきたいと思います。

(1) 対人サービスの特性

① 職員の質とは何か

総務省の日本標準産業分類では、福祉・介護の仕事は「サービス業」に分類されています。サービス業として分類されているものには、他に宿泊業・飲食サービス業、生活関連サービス業としての洗濯・理容・美容などがあります。

これら生活関連サービス業の際立った特性は「生産と消費が同時に行われる」ということです。これはどういうことかというと、あらかじめ事前に作っておいて、検品して不良品を除いて規格をクリアした商品だけを順番に安定的に出していくということができないということです。つまり一発勝負だということです。

みなさんも、理容室や美容院へ行って思うような髪型にならなくて失敗したという経験がおありでしょう。事前に結果を予想できないので、そのサービスを提供する人によって質が大きく左右されます。

この、品質が一定でないことを「変動性」ともいいますが、スタッフの質がすなわちサービスの質を決定してしまいます。

いつも笑顔のあるスタッフと、暗い顔ばかりしているスタッフでは、どちらが対人サービスの質が良いといえるかは明らかです。また、挨拶《あいさつ》や優しい言葉掛け、声のトーンなど、福祉・介護の知識・技術以前の問題がそこには横たわっています。

福祉施設で発生した事故処理を専門とするあるコンサルタントが、興味深いことを言っています。それは「福祉施設で何かしらの事故が起きた場合、それが訴訟にまで発展するか、いろいろお世話になりました。ここまでやっていただきありがとうございましたといって感謝で終わるかは、すでに事故が起きる前に決まっている」とのことでした。

利用者家族は、専門性の前に一般社会人としての社会性で職員の質を判断しています。どういうことかというと「それ見たことか。施設に面会に行っても挨拶もしないし、笑顔もない。どこの人が来たんだという顔をされる。社会人としてどうかというような身なりをしている。そんなレベルだからこうした事故を起こすんだ」となるそうです。

スタッフ職員の質を上げること、それには知識・技術以前の人間性を高めることがまず必要です。

福祉・介護の業界では、ともすると知識・技術教育ばかりが取り上げられますが、こうして見てくると、専門性の習得の前に、基礎的な人間性や社会性をしっかり確立しておく必要があるのではないでしょうか。

そう考えると、リーダーがスタッフを育てる場合、まずは人間性や社会性を教育することが大事だということになってきます。そのためには、リーダー自身が社会性や人間性を高めなければなりません。

また、「生産と消費が同時に行われる」ということは、事前に検品ができないので、たった一度の劣悪なサービスの提供による苦情や事故で、事後処理に追われて、その結果手戻りが大きくなるということです。

みなさんも経験があると思いますが、スタッフの心ない一言が利用者やその家族の怒りを買い、そのための謝罪や対応に忙殺され、やるべき仕事がおろそかになってしまったということがあるでしょう。

こうしたことが繰り返されると生産性（適正な人員でより良いサービスを提供すること）を著しく低下させます。福祉・介護の仕事が他の産業と比べて生産性が非常に低い理由には、こうした「生産と消費が同時に行われる」という特性が大きく影響しています。

②　対人サービスはコミュニケーション（感情）労働

また「無形性」という特徴もあります。これは触ることができない、はっきりとした形がないため、サービスを購入する前に見たり試したりすることができないということです。同じサービス業でも、ハンバーガーショップなどとは大きく違います。ハンバーガーショップには、見たり試したりすることができる商品があります。それはハンバーガーです。商品があるということは、スタッフの人間力が問われることが少ないということです。総理大臣が来ても私のような一般人が来ても「いらっしゃいませ、こんにちは。何に致しましょうか。SにしますかMにしますかLにしますか」を相手に関係なく繰り返していればよいわけです。スタッフが行う対人サービス部分は完全にマニュアル化できます。

しかし、福祉・介護の仕事はそうはいきません。それは、商品がないからです。商品はスタッフそのものだからです。したがって、相手に合わせた臨機応変な対応や言葉遣いが求められます。

つまり福祉・介護の仕事の本質は、肉体労働ではなく「コミュニケーション（感情）労働」だということです。たしかに肉体労働の部分もありますが、それが主体の生業《なりわい》ではありません。主体はあくまでもコミュニケーション労働だということをスタッフが理解していないと、良質なサービスにはつながっていかないのではないでしょうか。

（2）職場のコミュニケーションに重要な3つの傾聴レベル

福祉・介護の職場でのコミュニケーションには、利用者に対するコミュニケーションと職員同士や上下関係の職場内でのコミュニケーションの2種類がありますが、人対人ということでは本質において変わりはありません。

① 個人レベルでの傾聴

自分の立場で考えながら、相手の話を聞いている状態です。相手に焦点を合わせるのではなく、自分に焦点を合わせている状態です。

この状態で相手の話を聞いていると自分の考えや判断にとらわれたり、相手を分析することが多くなります。相手を何とかしようとするあまり、相手自身ではなく問題に焦点を合わせたり、解決策を押し付けたりといったことも起こり、指示命令的になりがちです。「こうした方がいい」、「私もそう思います」、「そうですよね」という一方通行の対話のときは注意が必要だといわれています。

② 集中レベルでの傾聴

相手の話を集中して聞いている状態です。ここからが本来の傾聴といえるでしょう。集中レベルの傾聴では言葉だけでなく声の調子や、顔の表情なども意識して、感情の変化など相手の内面に起こっていることをすべて捉えようとする姿勢です。

ある研究では、話す言葉からは7％しかその内容は伝わらないとする調査結果があります。話の内容や気持ちを伝える上で一番大きいのは顔の表情や目で、その55％を占めているそうです。

「目は口ほどに物を言う」とか「目を見ればわかる」とよくいいますが、そのあたりから考えても人の話を聞く場合、目や表情は重要な要素だとわかります。そして声の質、声の大きさ、話すテンポが38％といわれています。ですから、視線を下に落として何かしながらの「ながら聞き」はいけないのです。

スタッフが困って相談に来た場合とか、利用者やご家族が怒って苦情を言ってきた場合などは、この集中レベルで傾聴することが重要になります。

自分の立場や損得を考えるのではなく相手の立場に立って話をじっくり聞き、表情や目の動きにも注意を払っている状態で聞くことが集中レベルです。

③ 全体レベルでの傾聴

第三者的に全体を俯瞰《ふかん》して聞くのが、全体レベルでの傾聴です。当事者同士の場合ではなく自分が1つ上の立場で話を聞かなくてはいけないような場合です。

たとえばスタッフ同士で言い争いになっていたり、責任のなすり合いになっていて、リーダーとして全体最適を考えながら道筋をつける必要があるようなときに、この全体レベルの傾聴が必要になってきます。

要するに、何かの問題が持ち上がって当事者同士ではにっちもさっちもいかなくなっている場合などの解決に当たる場合には、全体レベルでの傾聴ということになります。

いついかなるときも人の話を聞く場合のルールとして、以下の3つは気を付けましょう。

- 相手の話を遮らない
- 相手の話題を盗まない
- 相手の意見を否定しない

（3）コミュニケーションの基本はまず「自分を知る」ことから

みなさんは「ジョハリの窓」というものをご存じでしょうか（図表2－2参照）。これは、コミュニケーションを円滑にし、それを通して組織を成長させるために必要な1つの心理学モデルです。そして、人との対話を通して自分自身を知る上で有効な手法とされています。

A　自分自身も知っていて他人も知っている自分＝開放された窓
B　自分自身は知らないが他人は知っている自分＝盲目の窓
C　自分自身は知っているが他人は知らない自分＝隠された窓
D　自分自身も知らないし他人も知らない自分＝未知の窓

まず、自分を知るためには「盲目の窓」に気づく必要があります。これは自分1人では気づくことはできません。他人や周囲の人との対話の中で見つけていかなくてはいけません。他の人に自分はどのように映っているか聞いてみましょう。あるいはロールプレイ（何かの役割を演じながら訓練する）を通して自分の生の姿を指摘してもらいましょう。おそらく自分では気づいていない癖や、良いところが見つかるかもしれません。

よく会議やグループワークの最中にボールペンをカチカチ鳴らす癖のある人を見かけま

■図表2-2 ジョハリの窓

		自分自身が	
		知っている	知らない
他人が	知っている	A 開放された窓 	B 盲目の窓 
	知らない	C 隠された窓 	D 未知の窓 

す。でも、おそらく本人はそれに気づいていないと思います。聞く人によっては非常に耳障りなわけですが、こうしたことは周りから指摘してもらわないと永久に自分では気づかないことでしょう。

次にAの「自分自身も知っていて他人も知っている自分＝開放された窓」を広げていきましょう。自分を出さないで仕事での顔しか見せない人がいますが、これは自分が開放されていないということになります。

自分という人間を開放していくためには、Cの「自分自身は知っているが他人は知らない自分＝隠された窓」を小さくしていかなくてはなりません。自分が日頃関心を持っていることや、悩んでいること、場合によっては秘密にしていることなども積極的に周りに発信してみましょう。それによって周囲の人との距離が近くなるかもしれません。「とっつきにくいと思ってたけど、意外と気さくなんだ」と周りの見る目が変わってくるかもしれません。

こうして、隠された窓を小さくしていくことで開放された窓が大きくなり、コミュニケーションは広がっていきます。試しに一度、自分で開放された窓を書き出してみることをお勧めします。

「自分自身も知っていて他人も知っている自分」を書き出してみましょう。これが1つも書けなかったり、1つか2つの場合、開放された窓が小さいということになります。

6 リーダーは何を基準に判断しなければならないか

ここではリーダーは、仕事の中で起きるいろいろな事柄に対して、何を基準に判断しなければならないかを詳しく見ていきたいと思います。

(1) 倫理・憲法・法令・経営理念を判断の拠りどころとする

福祉・介護の仕事は、社会保障制度の中での公共サービスです。また、人が人に直接サービスを施す仕事です。そうしたことを考えますと、まずは「人間として何が正しいか」という確固たる倫理観がないといけないと思います。倫理とは人として守るべき道、モラル、道徳です。倫理観の程度は、人によって違いがありますが、福祉・介護で働くスタッフには、高い倫理観が求められると思います。

したがって現場スタッフに対して、定期的な職業倫理についての教育研修がぜひとも必要になります。それは、他の産業と比べて職業倫理がない対人サービスは、利用者の生命・財産に直接深刻な影響を及ぼすことになりかねないからです。

福祉・介護の現場のリーダーは、1つ目に「人間として何が正しいか」という倫理を判断の拠りどころにする必要があります。好き嫌いで判断したり、自分の主観的な思いや考え方だけで判断することは許されません。

次に憲法です。われわれの仕事は憲法を保証する仕事です。憲法第13条には「すべて国民は、個人として尊重される。生命、自由及び幸福追求に対する国民の権利については、公共の福祉に反しない限り、立法その他の国政の上で、最大の尊重を必要とする」（幸福追求権）と謳《うた》われています。

また、憲法第14条第1項には「すべて国民は、法の下に平等であって、人種、信条、性別、社会的身分または門地により、政治的、経済的又は社会的関係において、差別されない」（平等権）とあります。

さらに憲法第25条では「すべて国民は、健康で文化的な最低限度の生活を営む権利を有する。国は、すべての生活部面について、社会福祉、社会保障及び公衆衛生の向上及び増進に努めなければならない」（生存権）とあります。

この憲法を判断基準にするということです。利用者やご家族の生命の保障です。われわれの福祉・介護の仕事は、憲法を保証し、国民の命を守る仕事ですから、たとえば、コンビニエンス・ストアの店員とは違った判断基準を持たなければならないわけです。ただし、もちろんコンビニが良い悪いの話をしているのではありません。リーダーであるあなたは常に憲法を意識してスタッフや利用者・家族に接することが重要です。

次は、法律・法令です。最近は、福祉・介護の業界も盛んに「法令順守」ということがいわれだしましたが、法律並びに関係法令を判断の拠りどころにするということです。

たとえば個人情報の秘密保持の法律などがあげられます。社会福祉士及び介護福祉士法第46条では、「社会福祉士又は介護福祉士は、正当な理由がなく、その業務に関して知り得た人の秘密を漏らしてはならない。社会福祉士又は介護福祉士でなくなった後においても同様とする」とありますが、これら社会福祉法や介護保険法に関係する法律・法令も理解してそれを判断の拠りどころとしなければなりません。

最後は組織の経営理念です。経営理念を拠りどころにして全職員スタッフのベクトル（判断基準や活動方向）を合わせていくことが何より大事だということを拙著『会議・ミーティングを見直す』では詳しく書きましたので、興味のある方はこちらをご参照いただきたいと思います。

これらの順番に優先順位があるわけではなく、総合して判断基準とすることが大事です。

PART 3

リーダー次第で事業所の経営のよしあしが決まる

福祉・介護事業所では、現場の利用者サービスと事業所の経営とがなかなか結び付きません。はたしてリーダーは自分たちの現場の仕事と経営をどのように結び付けていくべきでしょうか。ここではまず、福祉・介護事業所の経営とはどのようなものなのか見ていきたいと思います。

1 福祉・介護の事業所も淘汰の時代を迎えている

最近、高齢者のデイサービス施設の倒産が目立ちます。その一方でまた別の新しいデイサービス施設ができています。今、介護事業所は地方の県で1500〜2000くらいあるといわれています。全国では18万3000事業所もあります。コンビニエンス・ストアが約5万店舗ですので、その3倍以上の数です。

このように過当競争の状態なので、近所に新しいデイサービスができると、利用者がそちらに流れて自分の施設の利用者が減っていった、という経験をされている方も多いかと思います。何か特別な魅力があるとか、特徴のあるサービスがないと、ただ新しいだけの施設に利用者が流れていってしまいます。今、デイサービスでは利用者の奪い合いが始まっています。

また、介護業界だけでなく、保育の業界でも変化が起きています。国をあげての待機児童の解消という政策から、従来からの認可保育所に加えて認証保育所も制度化されています。

その結果、社会福祉法人が経営する認可保育所だけではなく、民間企業が経営する保育所も増えてきました。ＪＲや私鉄などの鉄道事業者が、その路線の駅の構内を使って次から次へと保育所を展開しています。

社会福祉法人が経営する認可保育所だけが保育所ではない時代が到来しています。

このように、福祉・介護の事業所を取り巻く環境は刻々と変化しています。現場のリーダーも、こうした自分たちの施設や事業所の外で起きている環境変化を注視し、自分たちの意識のあり方や、サービスのあり方について問題意識を持つようになる必要があります。

2 福祉・介護事業所の経営のあり方

いうまでもなく、福祉・介護の事業は金儲けだけが目的であってはいけません。国の社会保障制度の一翼を担うということを考えれば、福祉・介護事業所の経営の目的は、国民の生命や人権を擁護することで、安定した社会を築くことだと考えられます。

ただ、ここで注意しなくてはいけないことは国のために良いことをしているので赤字でも構わない、利益を上げてはいけない、コスト・パフォーマンス（かけたコストに対しての生産性）も気にする必要はないということでは決してないということです。

福祉・介護の事業は、すべて国民の税金か介護保険料でまかなわれています。そうした貴重なお金でわれわれ福祉・介護の事業は成り立っているわけです。当然、そこで働くスタッフの給料もそのお金でまかなわれているわけです。そう考えると、かけたコストに見合った生産性を考え、効率的で質の良いサービスを提供するということを大事にしていかなくてはいけないのではないかと思います。

■図表3-1 組織の目指す方向を決める

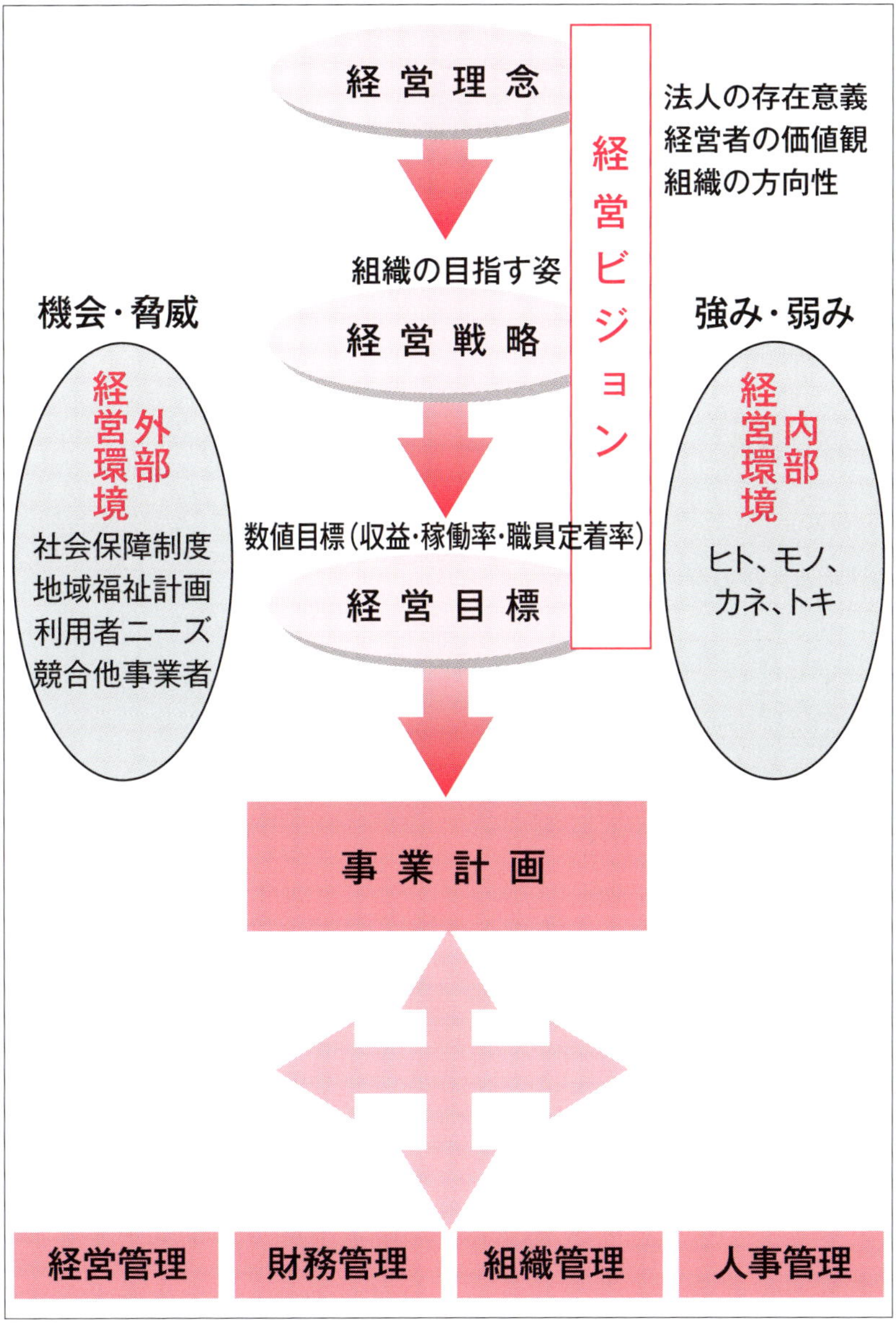

（1）理念によりスタッフの考え方、働き方のベクトルを合わせる

ドラッカーは、経営とは「企業の方向付けを行い、ミッションを決め、その上で目標を定めて資源を動員し、成果に責任を持つこと」と定義しています。福祉・介護事業所の経営もまったく同じです。「方向付けを行い、ミッションを決める」ということは、経営理念を打ち立てるということです。まずは、経営理念を掲げて組織の目指す方向性とミッション（使命）を明確にしておく必要があります（図表3－1参照）。

たとえば「信頼と創造」という経営理念を掲げている企業があったとします。するとその企業では、「私たち社員は一丸となって信頼できる商品を消費者に提供するとともに、今までにないような商品を創造して消費者の生活を豊かにします」ということが社員全員の働く上での方向性であり、ミッション（使命）ということになります。

こうした理念があり、また、その理念が全員に浸透していれば、働き方や仕事をする上での考え方、価値観が共有されて非常に統一感のある職場になります。また、成果も出ます。そうした職場では1＋1が3にも4にもなる可能性があります。

一方、働き方や仕事をする上での考え方、価値観といったものが何もないか、あっても共有されない組織では1＋1は2にならず、0・5にしかならなかったり、場合によってはマ

イナスにしかならないような集団になってしまいます。いわゆる烏合の衆です。

福祉・介護の現場で働くスタッフは専門職集団です。専門職というのは自分たちそれぞれの専門分野に帰属意識が強いため、こうした方向性や考え方のベクトルを合わせておかないと各々それぞれの専門分野の主張が強くなり、組織として統一感のない職場になる危険性をはらんでいます。

私の経験では、福祉・介護の現場では、たとえば看護師と介護職員がそれぞれの専門性を主張して、なかなか調和が図れず、その結果セクショナリズムが横行し、一体感のない、風通しの悪い職場を目にすることもしばしばです。

(2) 環境変化による影響を踏まえて、目標を数値化する

次は、「目標を定める」ということです。目標とは方向性やミッションを達成する上で自分たちの事業所が置かれている経営環境と現状の事業所とのギャップを浮き彫りにして、そのギャップを解消するための目標を設定することです。

福祉・介護の現場のリーダーは、利用者のことだけ見ているのでは不十分で、外部の経営環境にもしっかりアンテナを張っておく必要があります。それでは、外部の経営環境とは一体どのようなものでしょうか。

たとえば介護事業所の場合は、3年に1度、介護報酬の改定が行われます。また、5年に1度、介護保険制度自体の改正が行われます。こうした改正が即、事業所の経営に影響を与えることになります。これが外部の経営環境というものです。

平成24年度の介護報酬の改定では、特養の介護報酬単価が約2％削減されました。マイナス2％の単価改正ということは、何も手を打たなければ事業所の収入が2％減ってしまうということです。

特養100名定員の収入は約5億円ですが、5億円の2％は1000万円ですので、経営的に何も手を打たなければ、自動的に1000万円の減収になってしまうということです。単価改定による1000万円の減収をどうするか。これが現状の事業所経営とのギャップということになります。

そこで、ギャップを解消するために経営目標を設定することになりますが、2％の減収に対する対策として、1つには利用稼働率を上げて2％の減収を吸収するという目標が考えられます。

具体的にどういう目標設定になるかというと、現在、特養の利用者1人1日当たりの介護報酬単価が約1万円です。利用者を年間通して2名増やすと2名×1万円×365日＝730万円になります。また、3名増やせば、3名×1万円×365日＝1095万円になります。これが目標を設定するということです。現場では、利用者の状態観察に今まで以上に力を入れて、入院者の減少に努めなければなりません。現場のサービスのあり方を経営環境の変化によって見直す必要があるわけです。

目標は、数値で設定しないかぎり達成されないので、必ず数値目標とすることが重要です。また、24年度の改正では、デイサービスでは6時間以上8時間未満のサービス提供時間が見直され、5時間以上7時間未満と7時間以上9時間未満の類型になり、5時間以上7時間未満のサービス提供時間に留まった場合は、介護報酬単価が10%も下がってしまうことになりました。

さらには、デイサービスの場合は、次から次に新しいデイサービスが近隣にできています。これは競合するライバルが次から次に現れているということです。サービスの内容も見直さなければ新しくできたデイサービスに利用者を奪われてしまいます。こうした経営環境の変化を知って現場の仕事をするのと、こうした事実を知らない、あるいは関心なく現場で働くのとではリーダーとしての仕事の中身は大きな違いとなることでしょう。

(3) リーダーは環境の変化に応じて仕事を見直す

したがって、リーダーはこうした外部の経営環境の変化に敏感でいる必要があるわけです。

最近は、このような経営環境に関する情報は、インターネットで容易に入手することができます。

たとえば介護報酬改定の場合、次期改正の2年くらい前から厚生労働省内に設置されている介護給付費分科会で、次回はどのような改正にするかが検討され始めますが、厚生労働省のホームページで随時、議事録がアップされますので、そこから情報を入手できます。

また、保育所の場合は、毎年保育単価が改正されます。こうした情報は管轄の市町村から保育所に通知がきます。

保育所のリーダーはこうした情報を園長先生から入手するようにして経営環境の変化に敏感になるべきでしょう。

また、保育所の場合、園児の年齢構成によって保育単価が増減します。0歳時が一番高く、年齢が上がるごとに保育単価が下がっていきますが、こうしたことが保育所の経営を左右することになることも意識して現場の仕事を見つめることが重要になってくると思います。

(4) 目標を達成するのは経営者ではなく現場

最後は「資源を動員し、成果に責任を持つ」ということです。

目標を達成するのは経営者ではなく現場です。先に、利用者を年間通して2名増やすという目標を考えましたが、これが達成できるかどうかは現場の動きにかかっています。

「職員が足りないから、これ以上利用者を増やすと事故が起きますよ」というセリフをよく聞きます。また、「これ以上利用者を増やすと職員に負担がかかって職員が辞めて行きますよ」ということを、リーダーの立場の人が堂々と主張するのを聞いたりします。

しかし、福祉・介護事業では、国や行政が職員配置基準を決めています。そうした職員の配置基準を超えてスタッフを配置しているにもかかわらず、福祉・介護の現場では口癖のようにこうした言葉が聞かれます。

「それでは何人いれば現場は回るんですか」、「利用者1人に対して職員1人いなければ現場は回らないんですか」という話になってくるのではないでしょうか。つまりリーダーは、職員の配置基準についても理解しておく必要があるわけです。

国の職員配置基準を超えて自分の現場にはプラス何名配置されているのか。それを理解した上で、このメンバーで現場を回すことが自分の役割だということを認識することが必要でしょう。それが「資源を動員し、成果に責任を持つ」ということです。

資源とは自分に任されている職員スタッフです。スタッフの方向性を合わせて1＋1が3や4になるような働きかけをするのがリーダーの役割です。1＋1が0・5であったり、マイナスになるような現場運営をすることは、リーダーとして失格ということになるのです。

3 リーダーとしての「ヒト・モノ・カネ・トキ」の捉え方

前項で、「資源を動員し、成果に責任を持つ」ということについて述べましたが、リーダーにとって「資源を動員し」のその資源とはどのようなものでしょうか。ここでは、リーダーが動員すべき福祉・介護事業所の「経営資源」について考えてみます。

「経営資源」とは、よく「ヒト、モノ、カネ」という言葉で表現されます。

リーダーは、自施設・事業所が持っているヒト（人材・組織風土）、モノ（設備備品）、カネ（資金）、それからトキ（時間）という4つの経営資源を有効に活用して目標達成することが求められています。つまり経営資源を動員し、成果を出すことがリーダーの務めです。

（1）「ヒト」の有効活用

それでは最初にヒト（人材・組織風土）という経営資源を見ていきましょう。図表3－2にあるとおり、自部署の職員スタッフ、パート職員、施設・事業所から調理業務などを委託さ

■図表３-２ 福祉・介護事業所の経営資源

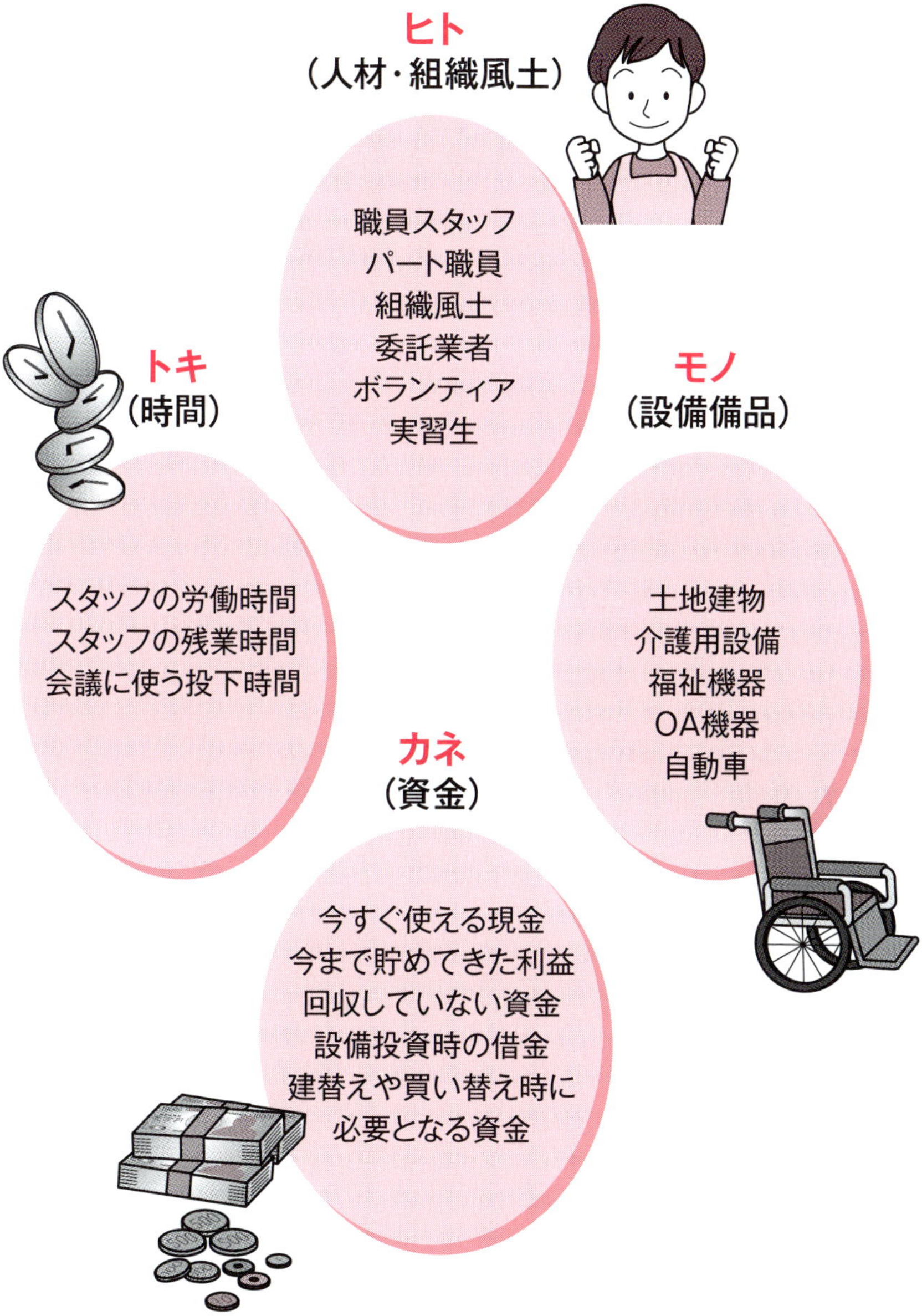
ヒト
（人材・組織風土）
職員スタッフ
パート職員
組織風土
委託業者
ボランティア
実習生
トキ
（時間）
スタッフの労働時間
スタッフの残業時間
会議に使う投下時間
モノ
（設備備品）
土地建物
介護用設備
福祉機器
OA機器
自動車
カネ
（資金）
今すぐ使える現金
今まで貯めてきた利益
回収していない資金
設備投資時の借金
建替えや買い替え時に
必要となる資金

れている業者、さらには施設に来てくださるボランティアや実習生などを指します。つまり、福祉・介護事業所の場合、施設に出入りするすべての人的資源がヒトという経営資源だと捉えて欲しいと思います。

まず、職員スタッフと事業所の目標を共有して、目標達成に向けて一致協力できるようにすることが、ヒトという経営資源を有効に活用しているリーダーといえます。

職員個々に目標達成のための役割分担を行い、1人ひとりの職員がその役割を全うできるように指揮統制していくのが、リーダーの務めです。福祉・介護の現場を見ていると、残念ながらこの、職員スタッフを指揮統制するということが苦手なリーダーが多いように見受けられます。

福祉・介護の現場で働くスタッフの共通の考え方となっているものに「社会福祉援助技術論」というものがあります。社会福祉主事や社会福祉士といった国家資格を持っている方はよくご存じのことと思いますが、この社会福祉援助技術論の根底に流れている考え方が「非審判的態度」です。

これは利用者に対する場合「それは間違っています。こうしてください。それがルールだからです」というような審判的態度（あたかもスポーツ競技の審判のような態度）をとってはいけないという考え方です。

たしかに、何らかの障害を持っていて支援が必要な利用者に対しては、こうした考え方で接することが正しいことでしょう。

しかし、本来、サービスを受ける立場の利用者に対しての接し方、対し方が、そのままサービスを提供する立場の自分たちスタッフにも応用されているケースをしばしば目にします。「あの人は、当日の急な欠勤や遅刻も多いけど、あの人にも良いところはあるから、いちいち注意して嫌われるより、それはそれで（非審判的態度でもって）、見て見ぬふりをしておきましょう」というようなことになりがちです。

本来、リーダーとは、利用者に適切なサービスを提供するという目的に向かって職員スタッフにルールを守らせ、スタッフの方向性が合うように指揮統制することが重要な役割であるはずです。職員スタッフに対して非審判的態度で接することは、必ずサービスの質の低下や生産性の低下を招くということを理解しておく必要があります。

① パート、アルバイトにも当事者意識を持ってもらう

正規職員だけでなく、パート職員が戦力になるよう、うまく管理するのもリーダーの役目です。福祉・介護事業所の常勤と非常勤（パート）の比率は7対3くらいのところが多いようです。パート比率が高いところでも6対4くらいです。

このように、概してパート職員の比率が低いため、パート職員の活用が見過ごされがちですが、一般企業の場合、このパートをいかにうまく活用するかが事業の成功に欠かせない要素になっています。

たとえば、マクドナルドなどのハンバーガーショップでは、店長だけが正社員で、後はすべてパート社員で構成されています。したがって、パートは片手間のお手伝いというような位置付けではなく、個々に役割責任が与えられて、それらの役割責任をしっかり全うするよう求められます。

ご存じの方も多いと思いますが、中古本販売チェーン「ブックオフ」（ＢＯＯＫ　ＯＦＦ）は、現在、東証1部上場企業ですが、時給６００円で採用されたパートタイマーの女性がパートとして働く中で、いろいろな実績が認められて16年後に社長になっています（現在は会長）。非常にまれなケースではありますが、新卒採用でもなく、創業者と血縁関係のないパートタイマー出身者が経営トップに就任したわけです。

また、私は福祉系の４年制大学で教えているので、現役の学生と話をする機会がありますが、学生が言うにはコンビニエンス・ストアなどのアルバイト先では、店長から「お金をもらっているんだからプロの仕事をしろ」とよく言われるそうです。

このように一般企業では、パートや学生のアルバイトにさえプロ意識を持たせるように教育し、戦力になるよう働きかけているわけです。

一方、われわれ福祉・介護事業所の場合はどうでしょうか。なかなかそこまでパートやアルバイトに責任を持たせてはいないのではないでしょうか。「限られた時間しか来ない人に、責任ある仕事は任せられない」、「いつ辞めるかわからないパートだから、下働きとして使いましょう」というような考え方の事業所が多いのではないでしょうか。このような使い方をしていてはパート職員はなかなか戦力になってくれません。リーダーは、パート職員にも責任を与えて、目的意識を持って働いてもらうようにすることも大事です。

② 現場力で業者を有効活用する

次に施設・事業所に出入りしている業者の有効活用です。

特養などで定員１００名前後の比較的規模の大きな施設では、最近、給食を外部の業者に委託するケースが増えてきました。

福祉・介護業界には、昔から医療福祉業界専門に給食業務を委託先としていた老舗企業に加えて、現在は、ワタミやシダックス、ＮＲＥ（日本レストランエンタプライズ：ＪＲ東日本の出資会社）といった、一般消費者向けに事業を展開していた企業の参入も盛んになってきています。

給食業務を外部の業者に委託する場合、それぞれメリット・デメリットがあるわけですが、事業所サイドのメリットとしてまずあげられるものには、調理員の労務管理の煩雑さから解放されるということでしょう。

具体的にどういうことかといいますと、調理員という職種で募集してもなかなか応募がなく、必要なときに調理スタッフを集められないという悩みが事業所には常にあります。

また、せっかく採用できても厨房という狭い職場の中での人間関係ですので、人間関係が濃密になりがちで、そうしたことに嫌気がさして、すぐ辞めてしまうケースが多いようです。外部の業者に委託するとこうした調理スタッフの労務管理の悩みから解放される、というのが一番大きなメリットのようです。

一方で当然、デメリットもあります。

給食会社は営利企業です。営利企業の経営の目的は利潤を上げることです。したがって、施設から給食業務を受託した場合、当然、利益目標を設定するわけです。それが給食委託料のうちの3％なのか5％なのかは、それぞれの企業の事情により違うと思いますが、例外なく利益目標を掲げています。福祉の事業所だから利益なしでやってあげましょう、などと考えるような企業は1社たりともありません。

蛇足になりますが、私の経験では、福祉・介護の事業所は計数管理が甘いから、少しぐらい単価を上げて委託料食材費を計算して見積書を提出しても、厳しい値引き交渉なんかないだろうと踏んで、一般企業に出す見積金額より1〜2割上乗せした見積金額を提示することなどもあったりします。

利益目標があるということは、どこかでコストを切り詰めるということです。それでは、給食業者がコストを切り詰める場合、どこを切り詰めの対象とするのでしょうか。それは食材費です。なぜなら、給食業務のコストは食材費と調理員の人件費がすべてだから、どちらかを切り詰めるしか方法はないからです。

調理員の人件費を世間相場より低く抑えて募集をかけても、調理員を採用することはできません。そうなると、自然と食材費を切り詰めることになるわけです。自分たちの施設・事業所が利用者サービスの質の向上というサービス提供方針を掲げていても、実際には、低く抑えられた食材で調理した食事を提供していることになります。これが事業所サイドからみたデメリットです。

それでは、こうした委託業者をどのように有効活用することが考えられるでしょうか。これは現場力にかかっています。契約は契約として現場同士では利用者により良いサービスを提供するという目的意識を共有して、より良い利用者サービスに貢献してもらうことです。たとえば、配膳・下膳を委託業者の調理員に手伝ってもらうことが考えられます。

「みなさん、厨房のスタッフが作った食事を利用者がどのような気持ちで待っているか、配膳しながらそれを感じてみてください」また、「みなさんが作った食事がどの程度、食べられているか、どのくらい食べられないで残っているか、確認しながら下膳をしてみてください。それを参考に、メニューの工夫や味付けの改良の参考にしてみてくれませんか」

こうしたことを働きかけられるのは、現場を知っているリーダーの役目です。

こうした考え方、仕事の捉え方は、別に給食業者に対してのものだけではありません。事業所の委託業者には、他に清掃業者、洗濯業者、送迎業者などが考えられますが、これらの業者の有効活用も、給食業者に対する考え方とまったく同じです。

限られた職員スタッフで生産性を上げながら、利用者サービスの質も上げていくというリーダーの役割に照らして考えていけば、自ずとアイデアは浮かんでくることでしょう。

③ ボランティアには感謝の念で接して事業所のファンになってもらう

次にボランティアの有効活用を見ていきましょう。

施設や事業所に来てくださるボランティアさんたちは、何を求めてやってくるのでしょうか。それは「みなさんに感謝されて気持ちよくなりたい」という思いです。

ボランティアで来ていただいた方には、感謝の念をお伝えしましょう。

いつも来てくれるボランティアさんには、職員も慣れっこになってしまい、意外と無関心になってしまう傾向があります。リーダーが率先してお迎えし、帰られるときにはしっかりお見送りしましょう。そうしたことがボランティアさんに気持ちよくなって帰ってもらうことにつながります。

そのように接してもらったボランティアさんは「あの施設はいつ行っても気持ちがいい。職員もいつも笑顔で迎えてくれるし」というようなことを友人や親せきに話します。それが口コミとなって地域に広がっていきます。そうしたことが施設・事業所の良い評判となって地域に浸透していくわけです。ボランティアさんは口コミの有効な担い手なのです。このように考えていけば、施設に出入りするすべての人が施設の経営資源なのです。

(2)「モノ」の有効活用

経営資源の2つ目は、モノ(設備備品)という資源です。

施設の設備や車椅子などの備品、送迎用車両などのモノを大事に使う。ムダにしないということです。

設備備品は必ず老朽化します。そして買い替えたり、修繕したりしなくてはいけなくなります。頻繁にはないことですが、一旦必要になるととても高額です。同じものでも、大事に使うのと乱暴に扱うのとでは、耐久年数も違ってきます。

「5S」といって、日本人が考え出し、今では全世界で実践されている改善活動がありますが、整理・整頓・清掃・清潔・しつけの5つのSを取って5Sといっています。

①整理「要るものと要らないものを分けて、要らないものを捨てること。要るものはいつも使うもので、その量は必要最低限でなければならない」

②整頓「仕事がしやすいようにものの置き方を考え、だれもがわかるように置くこと。ものを探すムダな時間を省いたり、必要なものがすぐ取れることで仕事は効率化される」

③清掃「整理・整頓の状況を確かめ、ゴミ、汚れなしの状況を作る。清掃は点検なりで清掃を通して設備点検から不具合を発見する」

④清潔「①整理②整頓③清掃が日常的に行われ、職場の風土になっており、それが維持されている」

⑤しつけ「職場の1人ひとりが①～④を励行している。また、職場のルールが守られている。定期的な相互チェックが行われていて、不適格であればだれであっても指摘することができている」

リーダーがこうした意識を持って現場に浸透させていくことで、モノは大事にされると思います。また、生産性が低くて改善が進まない業種、職場に共通する問題として、5Sのレベルが低い、との指摘もありますので、リーダーにはぜひこの5Sに取り組んでいただきたいと思います。

（3）「カネ」の節約とサービス向上は両立する

3つ目はカネ（資金）です。ムダなものは買わない。買ったものは使い切る。ムダに電気・水道を使わないという心掛けです。

ある介護施設の施設長から「おむつ外し」の話を伺ったことがあります。

介護職員の方は「おむつ外し」についてはご存じだと思いますが、その施設では、オムツをしている要介護の利用者さんに対して1人ひとりの排せつ周期を把握していき、個々の排せつ時間に合わせてトイレに誘導するようにしたところ、オムツを使った排尿・排便からトイレ誘導による自立した排尿・排便に変えることに成功したということでした。これにより年間のオムツ購入額が80万円も削減されたという話でした。

80万円あればパート職員を1名雇って、現場の忙しさを多少解消できるかもしれません。この例は利用者に対するサービス向上と事業所の生産性向上を同時に実現した顕著な事例でしょう。

要介護高齢者が、オムツをされた状態から自分で排せつできるようになるということは、何よりの人間性の回復でしょう。一方で、そのことによりムダな出費が減り、資金を節約できたわけです。こうして大事にされたお金は、また別の有効な使い方をされるでしょう。

また、オムツなどの消耗品は在庫管理も重要な観点です。

オムツの発注などは現場に任されているケースが多いと思います。実際は、現場ではだれが発注責任者か決まっていないという事業所も多いのではないでしょうか。人によって発注をかけるタイミングがまちまちだったりします。ある人はなくなってしまわないようにと、まだ2週間分の在庫があるようなタイミングで発注します。またある人は1日の使用量から逆算して最適なタイミングで発注をかけます。このように人によってばらばらだったりします。そのようなところではお金が大事に使われているとはいえないのではないでしょうか。

発注責任者、在庫管理の責任者を決めておくということも大事なことです。決めないから、こうしたムダがなくならないのではないでしょうか。

リーダーは、スタッフの適性を見極めて、こうしたことに適性のあるスタッフに役割を担ってもらい、責任を持たせるということを考えなくてはいけません。こうしたことの1つひとつが、スタッフに役割分担して目標を達成するということにつながります。

その他、部屋の電気のつけっぱなし、風呂の水の出しっぱなし。こうしたことを点検管理するスタッフを決めておくのです。そのスタッフが定期的に巡回して、ムダを省いていくようにしつけをしていく。これがまさに5Sというものです。こうしたことが一般スタッフにも経営ということを意識してもらうことにつながり、結果、そうした積み重ねが職場風土を変えていくことになります。

(4) 簡単に浪費されてなおかつ一番高価な「トキ」……なぜ現場はいつも忙しいのか

最後の経営資源はトキ(時間)です。時間は、1日24時間すべての人や現場に平等に与えられている資源ですが、この時間の使い方がサービスの質と経営成果を大きく左右します。

なぜなら、この時間という資源は他の資源と違って、忙しいときに他から借りてきて24時間を48時間に増やしたり、暇なときの24時間を忙しいときに回したりすることができないからです。

他の資源はこのような絶対的な制約はありません。カネはないときに借りてくることができます。ヒトも、忙しいときに一時的に雇用して融通することができます。モノも調達することができます。

時間はこうしたことができないので、やるべきときにやるべきことを、その時間内にしっかり行わなければ手戻りが発生して、結局余計な時間が取られてしまったり、もう一度、一から始めなくてはならなくなってしまい、大切な時間を浪費してしまうことになってしまいます。こうした特性から、時間が一番簡単に浪費されます。

福祉・介護事業所の場合、国が示す運営基準の中に職員配置基準というものがあります。定員規模が同じで、同じ種別の事業であれば職員配置基準は全国共通です。職員配置基準が同じということは、労働投下時間も同じということです。

図表3－3は単独型デイサービスの1年間の労働投下時間を算出したものですが、全国津々浦々どこであっても、30名定員のデイサービスであれば、職員配置基準は常勤換算で8名ですので、年間の労働投下時間は、1万6640時間ということになります。

同じ労働投下時間でありながら、そこに赤字の施設があったり、黒字の施設があったり、事故が多い施設があったり、事故が少ない施設があったりします。

平成23年度に厚生労働省が発表した「介護保険事業経営実態調査」では、デイサービスの収支差率（利益率）の全国平均は13％でしたが、そのうち30％強の事業所が赤字であるという結果が出ています。

一体、この経営成果の違いはどこから生まれてくるのでしょうか。私は、

1週間法定労働時間（H）	年間週数（週）	年間労働投下時間（H）
40	52	16,640

経験上、その事業所の組織風土と、1人ひとりのスタッフの時間の使い方にその要因があると確信しています。そのように考えますと、現場のスタッフを束ねるリーダーには、効率的な時間管理が強く求められるのではないでしょうか。

少し前になりますが、雑誌『プレジデント』(2007年4月16日号)に「時間のムダ遣い」について研究した特集が掲載されていましたが、それによると時間ドロボーの正体には、以下の3つがあるとされていました。

① 学習しない上司
② 奴隷型顧客主義
③ 優先順位思考の欠如

「業績の悪い会社・従業員満足度の低い会社・生産性の低い会社には、これら3つの傾向が見られる」と結論付けていました。

■図表3-3 デイサービスにおける年間労働投下時間

施設種別	定員数(名)	常勤換算職員数(名)
単独型デイサービス	30	8

① 時間ドロボーの正体① 学習しない上司・役職者

「学習しない上司」ということですが、これはどういうことかといいますと、外部の経営環境が変わっているにもかかわらず、相変わらず昔の考え方や仕事のやり方を変えようとせず、よく考えれば今はやってもしょうがない仕事をやり続けている。あるいは、そういった仕事をスタッフにやらせていたりして、そこに新しい業務が上乗せされていき、どんどん仕事が増えていってしまっているケースです。

学習しない上司や役職者がいる職場では、業務改善ということに熱心に取り組まないので、このようなことが常態化しています。

したがって、現場では「忙しい。人が足りない」の大合唱になっていきます。人が足りないのではないのです。今では不要になってしまった仕事をそのままやり続けているからなのです。

② 時間ドロボーの正体② 奴隷型利用者満足主義

次に奴隷型利用者満足主義について考えてみましょう。福祉・介護の現場では、時間が許す限り利用者に寄り添うことで、利用者の孤独感を解消したり、心の安らぎを与えてあげることに大きな力点が置かれているように思います。また、そうした過程で利用者の笑顔を見ることがスタッフ自身のやりがいにもつながっています。

しかし、ここで注意しなければならないのは、スタッフ自身の自己満足や利用者の笑顔で自分が癒されることを優先してはいけない、ということです。あくまでも組織として安定した、基準に沿ったサービスに主眼が置かれていることが大事なのです。

周りが忙しくしているときに、自分だけが良い気持ちになっていては、だれかにしわ寄せがいってしまい、時間が浪費されることにつながってしまいます。

また、訴えが多い利用者さんには、どうしてもかかりっきりになってしまい、多くの時間が取られてしまうでしょう。しかし、これも全体を見ながらの対応が必要ではないでしょうか。

「時間を作ってもう一度ちゃんとゆっくり話を聞きますので、今はここでひとまずお話は終わりにしましょう」というような、時間を大事に使うという感覚を持つことも組織の一員として働く上で重要なことです。

今自分がその時間を取られてしまったら、全体の迷惑になると考えて、生活相談員や、場合によっては施設長に対応してもらうといった調整能力が必要とされます。そうした指揮統制は当然、リーダーの役目です。

ある介護施設の施設長から聞いた話です。

「生活相談員が利用者の面接に2時間もかけている。そばで聞いていると、まだ入居するかどうかまったく決めていない利用者で、見学ついでに説明を受けたいとの趣旨であったにもかかわらず、入居するまでの手続きや入居後の注意事項などすべて一通り話しているんです。それこそ、30分あればその利用者さんの要望には十分答えられるにもかかわらずですよ。こうした時間があるから残業もなくならないんでしょうね」

と、その施設長はなかばあきらめ顔で私に話してくれました。どんな場合でも余計な時間をかけて対応する必要はない、ということです。

ムダに使った時間は必ず何かで埋め合わせすることになります。しかもたいていは残業時間を使って。

③　時間ドロボーの正体③　優先順位思考の欠如

3番目は「優先順位思考の欠如」です。なぜ、今それをやらなくてはいけないのかということです。また、これは本当にやる必要があるのかということも含まれます。

1日の業務スケジュールを見直してみてください。それはいつからやっていることでしょうか。「自分が中途採用で入ってきたときからすでにそのようになっていた」ただ、それだけの理由で続けられていませんか。

また、入職して間もないときに疑問に思っていたことがあったかもしれません。しかし、今では何の疑問もなくやっていることも多いのではないでしょうか。今行っているその仕事の目的を見つめ直してみましょう。

集団で仕事をしていると、過去の産物というものがだんだん溜まっていってしまいます。これを見直すことが「優先順位思考」です。

これもある福祉施設で聞いた話ですが、そこの施設では、朝の申し送りと夕方の申し送りを合わせて2回やっています。

そして一部のスタッフからは、夕方の申し送り時間が利用者の夕食の配膳の時間と重なってしまって、申し送りに人手が取られるので時間を見直して欲しいとの意見が以前から上がっていました。

普通、夕方の申し送りは、昼間の勤務者が夜勤で来たスタッフに、利用者の日中の状態や日中の出来事を伝える場なのですが、この施設は看護師が夜勤者にそれを伝えるようになっていました（そうなった背景はここでは省きます）。

その申し送りの開始時間は、看護師が定時に帰宅するための時間から逆算して設定されていたので、夕食の配膳の時間と完全にバッティングしてしまって、夕食時はいつも大忙しの状態になっているということがわかってきました。

今では看護師から申し送りをしてもらう必要はないので、看護師の帰宅時間に関係なく時間の調整もでき、介護スタッフからの申し送りで十分にもかかわらず、以前でき上がったシステムが、そのまま何も見直されずに続けられているため、現場に大きな負担をかけ続けているわけです。

このように、過去の産物をそのままにして見直しをしていかないと、どんどん時間はムダにされていきます。こうしたことが「忙しい。人が足りない」になってしまう時間ドロボーの正体です。

④ 時間ドロボーの正体④ ムダな会議が繰り返されて貴重な時間が浪費される

また、みなさんが日々行っている会議の時間はムダに浪費されていないでしょうか。会議を開催したら必ずその会議の目的にかなった結論が導き出されているでしょうか。そもそも「その会議」は本当に必要なのでしょうか。一度開催しないで仕事に支障をきたすかきたさないか検証してみることも大事だと思います。

福祉・介護事業所で行われている会議によく立ち合いますが、目的に沿った議論がされ、目的にかなった結論が導かれている会議にあまり出会いません。最初に一方的な報告や連絡事項があって、それから先は何ら建設的な議論もなく、そのうち利用者のカンファレンスのような雑談になって、時間ばかりが浪費されているような会議をたびたび経験します。

そもそも会議に限らず、リーダーは、人を集めて、人の時間を使って目的を達成する仕事です。

たとえば、5人を2時間集めたら10時間の時間を使うことになる、と認識しておく必要があります。金額（コスト）に換算しますと、正規職員の時給はおおむね２０００円くらいですので、２０００円×５人×2時間で2万円になります。２万円に見合う成果が出せたか。2万円に見合う成果を出すためにリーダーとしてどのような準備をすべきか。計画的にものごとを判断することが求められます。

また、ムダな会議ならやめてしまって、10時間を現場の利用者サービスに当てた方がどれだけ有効かわかりません。

リーダーは、経営者から事業所の目標を達成するために「ヒト・モノ・カネ・トキ」という重要な経営資源を預かっている、という責任を感じることが大事です。

経営資源を浪費しないようにしなければなりません。

4 利用者サービスには熱心でも職場運営に関心がないリーダー

（1）バタバタと現場を忙しく動き回るのがリーダーではない

正直なところ、福祉・介護事業所のリーダーには、現状2つのパターンがあるように思われます。

1つ目のパターンは、現場のベテランで、利用者サービスに熱心で、利用者が一番大事。事業所で行われる会議や、スタッフの世話は二の次か片手間で、という意識で仕事をしているリーダーです。

実際、現場では頼りにされているリーダーだと思います。現場が忙しくて手が足りないというと、すぐ現場に入ってバタバタと1・5人分の仕事をこなしてくれるので現場としては重宝しているといった塩梅《あんばい》です。

しかし、「リーダーとは、スタッフを通してサービスの質を上げていく、生産性を上げていく」という意識は弱く、現場のリーダーの働きがそのまま経営に直結するという認識もほとんどありません。

つまり、組織のリーダーは、組織目標に向かって指揮統制したり、現場の環境整備が重要な役割であるということを理解していないケースです。そこには、効率的な職場運営やスタッフの働きやすさより、利用者の笑顔や自分の思いを優先する姿が想像できます。

もう1つのパターンは、何から何まで自分がやるというよりは、部下スタッフを通して成果を上げることがリーダーとしての自分の役割である、としっかりと理解しているリーダーです。したがって、自分がいつでも現場に入ってバタバタ動くことがリーダーとして正しい姿だとは思っていません。

「リーダーである自分がやるべき仕事」、「自分でもできるがスタッフに任せた方がよい仕事」、「スタッフに厳しく説いてやらせなければいけない仕事」の3つに分けて仕事を捉えています。なぜなら自分の役割は目の前の利用者のサービスだけではないことを理解しているからです。

(2) 現場のベテラン専門職がリーダーにふさわしいか?

以前、都内のある社会福祉法人の現場リーダー約40名に対して、管理者養成研修を実施したことがあります。福祉・介護の現場職員が苦手とする組織管理の研修でしたが、参加者によって研修の習得度・満足度にかなりの違いが見られました。
習得度・満足度が低かった参加者グループには、以下のような傾向がありました。

① この業界での経験年数が長い（利用者サービスだけが自分たちの仕事という意識に支配されている）。
② 質問がなく、新しい、普段聞かないことに対して意欲的でない。グループワークでの発言も少ない。
③ 現場経験は長いが、新しい業務や経営という考え方に対する抵抗感が強い。
④ 経営管理は自分の仕事ではなく、施設長等の管理職だけの仕事と捉えている。

一方、習得度・満足度が高かった参加者グループには、以下のような傾向がありました。

① 比較的経験年数が短い（他業界から転職してきた人もいて柔軟な発想がある）。
② 質問が多い。グループワークでも活発に発言する。
③ 自事業所を取り巻く経営環境の変化に敏感であり、かつ自分の課題と捉えている。
④ 日頃より、施設長等の管理職の業務を補佐する機会もあり、不足している知識の吸収に貪欲である。

こうしてみると、現場に長くいる人が、必ずしもリーダーにふさわしいとは限らないということがわかります。

繰り返し述べていますが、リーダーの役割は、その日1日、ただ現場を回すことだけではありません。職員スタッフの働きやすさを考えて職場環境を整備したり、スタッフに仕事を任せることでスタッフの成長を促したり、優先順位を考えて業務の見直しを行ったりして、生産性が高い、より良いサービスを構築することが必要なのです。

「利用者への愛」だけでなく「事業所やそこで働くスタッフに対する愛」も同じくらいかそれ以上に必要なのです。

(3) 組織の中での現場リーダーの立ち位置

図表3－4（101ページ）は、福祉・介護事業所における組織のあり方として、各役職層に求められる役割をまとめたものです。これによれば、指導・監督職である現場のリーダーに求められる姿とは、

① **施設長等の経営者層から発信された目標・方針を、確実に部下や末端のスタッフにまで浸透させる。**

② 多くの現場の会議や委員会に関与しているケースが多いと思われるので、会議を時間内に効率的に運営し、しっかりと成果・結論を出す。
③ 自分自身ならびに部下スタッフの時間管理を徹底し、ムダを省く。業務の標準化を行い、ムダな仕事は廃止する。業務の平準化を行い、ムラを省く。

以上の3点に集約することができると思います。

■図表3-4 組織的な仕事の進め方

各職層の役割・責任分担

■各職制（管理職、指導・監督職、一般職）の役割を明確化して、組織の生産性を高める

管理職
（施設長・課長等）

①組織の理念・目標（ビジョン）に向かって組織を動かす
②公平・公正で健全な組織風土を作る
③ビジョンを達成する明確な方針を打ち出し、組織に浸透させる

指導・監督職
（係長・主任・副主任）

①指示・命令を徹底する（部下職員を指揮・統制する）
②会議を効果的に運営し、成果を出す
③業務の標準化・平準化を行い、ムリ・ムダをなくす

一般職

①上司を補佐し、チームワークを守る
②上司からの指示・命令を確実に実施する
③挨拶・服装・マナー等、職業人としての基本を守る

PART 4

スタッフが働きやすい職場環境に気を配る

現場のリーダーは、日々の利用者サービスに終始するのではなく、法人や事業所の経営責任も担わなければなりません。そこで経営には３者満足（①従業員満足、②利用者満足、③経営満足）という捉え方があることを理解しましょう。

1 経営の3者満足とは

（1）従業員満足（ES）とは？

1つ目は「従業員満足」です。従業員満足が低い会社、職場は、離職率が高いものです。スタッフが定着しないので、方針やルールが浸透せず、その結果、業務もスムーズに回らず、職場風土が良くありません。当然ながら、サービスの質も安定しません。中途採用者で構成されている福祉・介護事業所の場合、スタッフが定着しないことで、ますますスタッフの働き方、考え方のベクトルがバラバラになっていきます。

それでは従業員満足とは、具体的にどのようなものでしょうか。これは給料が高いとか休みが取りやすいとか、そうした物質的な待遇だけではなく、風通しが良くて安心して働けるとか、スタッフ同士が職種の垣根を越えてお互い信頼し合っているので、自分が何から何まででやらなくても仕事が任せられるとか、上司の評価が公平・公正で安心して働いていられるとか、この事業所が好きで、この事業所のために頑張りたいと思えるような職場で働けてい

■図表4-1　経営の3者満足

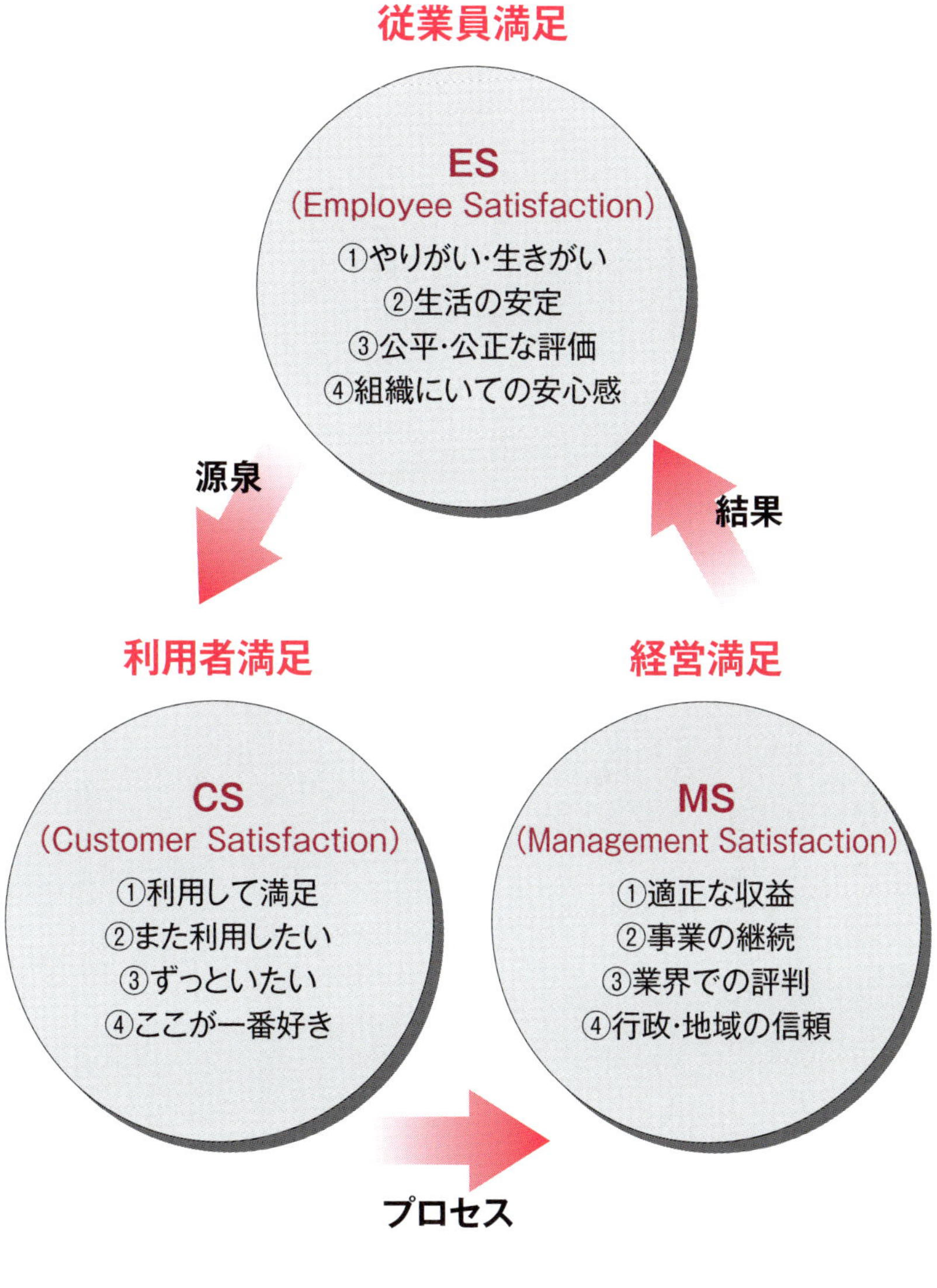
従業員満足
ES
(Employee Satisfaction)
①やりがい·生きがい
②生活の安定
③公平·公正な評価
④組織にいての安心感
源泉
結果
利用者満足
CS
(Customer Satisfaction)
①利用して満足
②また利用したい
③ずっといたい
④ここが一番好き
経営満足
MS
(Management Satisfaction)
①適正な収益
②事業の継続
③業界での評判
④行政·地域の信頼
プロセス

るかとか、そうしたことを指します。

私は、従業員満足度を左右するのは、前者の物質的待遇より、後者の職場風土のよしあしの方が大きいと考えています。

ある社会福祉法人で管理職研修を実施した後、特養の施設長から「やりがい・生きがい、生活の安定、公平・公正な評価、組織についての安心感といった従業員満足を他の事業所ではどのように実践しているのでしょうか」という質問をされたことがあります。そこで私は次のように答えました。


「施設長はすでにおわかりのことと思いますが、従業員満足とは、職員のしたいようにさせる、権利を主張して義務をおろそかにしても正面から注意もしないという組織風土を指すものではありません。従業員満足は組織風土に大きく左右されます。

従業員満足が高い事業所は、職員に対して概して厳しいです。スタッフの役割責任を明確にして、それに対して信賞必罰で臨む姿勢で貫かれています。従業員がしたいようにさせたり、経営層や管理職が現場に全然関与しないようでは従業員満足は満たされないと思います。

たとえば、ある特養の事例ですが、特養待機者を明日すぐ入所できるところまで面接を進めておいて、常に入所予定者を5名確保しておくという役割責任を生活相談員に課しています。そしてその結果で、生活相談員は評価されます。それが賞与と4月の昇給に反映されます。たとえば、基本賞与を年間4カ月とした場合、その結果によってマイナス0・5カ月からプラス0・5カ月の範囲で査定されます。つまり、年間の賞与が3・5カ月から4・5カ月の範囲で変動することになります。各役職者がやるべきことをしっかり規定しておいて、職員全員にもそれが明示されています。

さらに、各自がやるべきことをやって、仮に予算を達成した場合、その達成率によって基本賞与とは別に、業績賞与が支給されるケースもあります。だいたい基本給の0・2カ月〜1カ月くらいの範囲で年度末に支給されます。

また、公平・公正な評価ということでは、客観的にだれもが納得できる数値目標の達成度で評価しています。

これもある特養の事例ですが、特養稼働率98％の達成率によって業績を評価しています。また、数値目標だけではなく、法人の理念の浸透度や、仕事に対する取り組み姿勢も評価の対象になります。理念でなく、自分の価値観や主観で仕事をしているとか、権利ばかり主張して義務を果たさないという人材には、厳しい評価がされます。したがって、スタッフの人事考課を行うリーダーが形骸化しないことに注意を払っています。リーダーが職員スタッフに普段、密な声掛けや愛情を持って育成することもなく、自分が現場にばかり入って、3

日に1日しか、日中施設にいないような業務体制にはしてはいません。リーダーは、スタッフの仕事ぶりをしっかり見る、それに8割の労力を割《さ》くように指導しています。

また、オンとオフの切り替えにも注意を払っています。職員の一体感を常に醸成できるように、職員旅行や新年会、忘年会、全体職員研修を毎年開催して、しかも全職員の8割が参加できるようにいろいろな方法を考えて実施しています。

職員研修では、たとえば福祉・介護の話ができる有名人などを呼んで講演をしてもらい、職員に『うちの法人は自分たちにこんな経験もさせてくれるんだ』という思いを持ってもらうことで、帰属意識を高めています（だいたい、講演料は1時間半で80万円くらいかかりますが）。

また、この職員が8割集まる場では、勤続表彰やヒヤリハット大賞や笑顔大賞などを設けて、全員の前で必ず表彰します。こうして表彰されたスタッフは、今日までのことがリセットされて、明日からまた新たに頑張ろうという気持ちが湧《わ》いてきます。

職員旅行や忘年会といった飲み会も、ただ大騒ぎする飲み会ではありません。必ず、組織の一体感や連帯感が醸成できるような仕組みを取り入れています。

専門職は、放っておくと事業所に対する帰属意識は生まれません。しかし、帰属意識こそが働きやすい職場を作るのです。それが従業員満足につながります。そのような組織風土、システムを作る必要があるということを、法人全体でコンセンサスを取る必要があるのではないでしょうか。

リーダーは現場を回すことだけに注力するのではなく、従業員満足を実現するためのシステムを回すことに6～7割の時間をかける、そうした組織風土が働きやすい職場につながります。

まずは、経営層の方針が一本になることが重要だと思います。上が変われば下も変わります。厳しい中では意識の高い職員が報われます」。

（2）従業員満足（ES）と利用者満足（CS）との関係

2つ目は利用者満足です。これは解説するまでもないでしょう。しかし、ここで注意しておいて欲しいのは、対人サービスの場合、従業員が満足していないと、その不満は利用者に転嫁される危険性があるということです。

対人サービスの場合、利用者（顧客）とじかに日々接するからです。一般企業の多くは、日々、目の前に顧客はいませんが、それでも「従業員は経営者にされたことを顧客に転嫁する」という定説があります。

利用者満足、利用者満足と叫んでみても、従業員が満足できない職場に利用者満足は決して根付きません。

スタッフ同士が疑心暗鬼にかられていたり、スタッフ間であからさまに好き嫌いで仕事をしていて、はたして利用者満足など実現できるでしょうか。こうした風土では、スタッフ1人ひとりのそれぞれの個人的な優しさや、この仕事に就いた動機だけで利用者満足は支えられていきます。したがって、非常に不安定です。

(3)経営満足(MS)は結果である

3つ目が経営満足です。これは、法人や事業所の経営が安定しているということです。会社が安定していなければ、スタッフに安定した雇用を保障することができなくなります。さらには、業界におけるその会社・事業所の評価・評判、あるいは地域での信頼度なども経営満足です。いわゆる企業ブランドというものです。

こうして見てくると、これらは3つ別々に存在するものではなく、すべて関連し合っていることがわかります。つまり従業員満足が源泉なのです。従業員が満足していないところに利用者満足はありません。利用者満足がなければ利用者や家族からの不満で別の事業所が利用されるようになるでしょう。

逆に利用者満足があれば、地域や行政からの評判も上がり、リピーターも増え、また、新規の利用者も増えていきます。そうすれば事業所の収入も上がり、経営は安定します。

従業員満足と利用者満足、それから経営満足は源泉・プロセス・結果の関係なのです。この3つのトライアングルを、現場を任されたリーダーは常に頭に入れておいて欲しいと思います。

2 福祉・介護スタッフの不満とやりがい

福祉・介護業界で働くスタッフの離職率は、一般産業の離職率と比べて高い傾向にあります。

公益財団法人介護労働安定センターが、毎年、介護職員の実態調査を実施していますが、介護職員の直近の離職率は17％（平成23年10月から平成24年9月までの1年間の統計）という結果が公表されています。

ここでは、福祉・介護スタッフの離職と関係が深い、職場での不満要因とやりがいについて見ていきます。

（1）事業所の理念や運営のあり方への不満が離職理由のトップ

同じく介護労働安定センターの平成24年度実態調査結果を見ますと、前職の介護事業所を辞めた原因が掲載されています（図表4－2）。

■図表4-2 直前の介護の仕事を辞めた理由

（%）

	回答数	職場の人間関係に問題があったため	法人や施設・事業所の理念や運営のあり方に不満があったため	他に良い仕事・職場があったため	収入が少なかったため	自分の将来の見込みが立たなかったため	新しい資格を取ったから	結婚・出産・妊娠・育児のため	人員整理・勧奨退職・法人解散・事業不振等のため	家族の介護・看護のため	病気・高齢のため	自分に向かない仕事だったため	家族の転職・転勤、又は事業所の移転のため	定年・雇用契約の満了のため	その他
全体	5,712	24.5	24.3	19.2	16.9	15.9	11.0	9.6	6.5	4.4	4.1	3.9	3.4	3.2	14.9
正規職員	3,959	24.3	26.4	21.2	18.8	18.2	12.8	6.5	6.3	3.6	3.6	3.8	2.9	2.5	15.4
非正規職員	1,594	25.0	20.1	14.6	12.4	10.2	6.5	17.4	7.2	6.1	5.5	3.9	4.8	4.9	13.6

出所：平成24年度介護労働実態調査結果、抜粋（介護労働安定センター）

仕事を辞める理由として、「給料が少ないから」ということがまず頭に浮かびますが、この調査結果によると、一番多い理由は「職場の人間関係に問題があったため」24・5％、「法人や施設・事業所の理念や運営のあり方に不満があったため」24・3％でこの2つの理由がほぼ拮抗しています。

正規職員に限ってみれば「法人や施設・事業所の理念や運営のあり方に不満があったため」が26・4％で一番多い結果になっています。介護労働安定センターでは、毎年この調査を実施していますが、この「法人や施設・事業所の理念……」が毎年トップの原因です。これは何を意味しているのでしょうか。

まず、勤務する施設・事業所に経営理念がないか、あっても現実の判断基準と乖離《かいり》しているということが考えられます。

ホンダの創業者である本田宗一郎氏は、「理念なき行動は凶器であり、行動なき理念は無価値である」という言葉を残しています。

考え方の軸というか、自分のポリシーというものがない人間ほど恐ろしいものはありませんが、組織も同じです。

ポリシーや判断基準がない組織では、たとえば、「介護報酬が3％引き下げられたから、職員の給料を3％引き下げます」ということが何の疑問もなく行われます。環境変化をそのまま職員スタッフの犠牲で乗り切ろうとしてしまいます。理念なき行動は凶器なのです。

一方、立派な経営理念が掲げられていても、その理念が組織に浸透していない、空理空文になっている、理念とは全然かけ離れたところで経営の意思決定や人事が行われるようになると、掲げられた理念には何の価値もありません。行動なき理念は無価値なのです。

こうしたことを、そこで働くスタッフは敏感に感じ取ります。

介護福祉施設・事業所で働くスタッフの多くは専門職です。一般的に、専門職は、一般企業に勤めるサラリーマンなどにくらべて組織への帰属意識が希薄だといわれています。そのため、組織のちょっとした不条理やダブルスタンダードなどに、強い嫌悪感を抱いてしまう傾向があるようです。

たとえば、みんながある程度納得できる組織の価値基準ではなく、声の大きい人間の個人的な価値観によって職場が牛耳られている、職場が私物化の様相を呈している、にもかかわらず、それに対して管理職・リーダーがしっかり統制していないような状況は、スタッフにとって大きな不満の種となります。

(2) アメリカの専門職の不満要因と満足要因

アメリカの心理学者であるハーズバーグが、『仕事と人間性』という著書の中で、アメリカ国内の専門職3000名に対して、仕事の満足要因と不満要因をインタビューした結果を発表しています。

ここでの専門職とは弁護士、公認会計士、エンジニア、研究者といった人たちで福祉・介護職員ではありませんが、いずれも手に職のある、自分の資格で食べて行ける人たちです。この調査結果は、先ほどの介護労働安定センター調査の「直前の介護の仕事を辞めた理由」と符合していて興味深いので少し詳しく見てみたいと思います。

ハーズバーグは3000名の専門職に対して「仕事や職場でどのような出来事があったとき、非常に満足を感じたか」という質問と、その反対に「仕事や職場でどのような出来事があったとき、非常に不満を感じたか」という2つの質問をしてその結果をまとめました（図表4－3）。

上の部分が満足を感じた項目で下が不満を感じた項目になっています。

① 職場において精神衛生上良くない出来事とは?

まず、「不満」を感じた項目から見ていきますと、一番多かった項目は「会社の方針と管理」

■図表4-3 動機付け要因・衛生要因

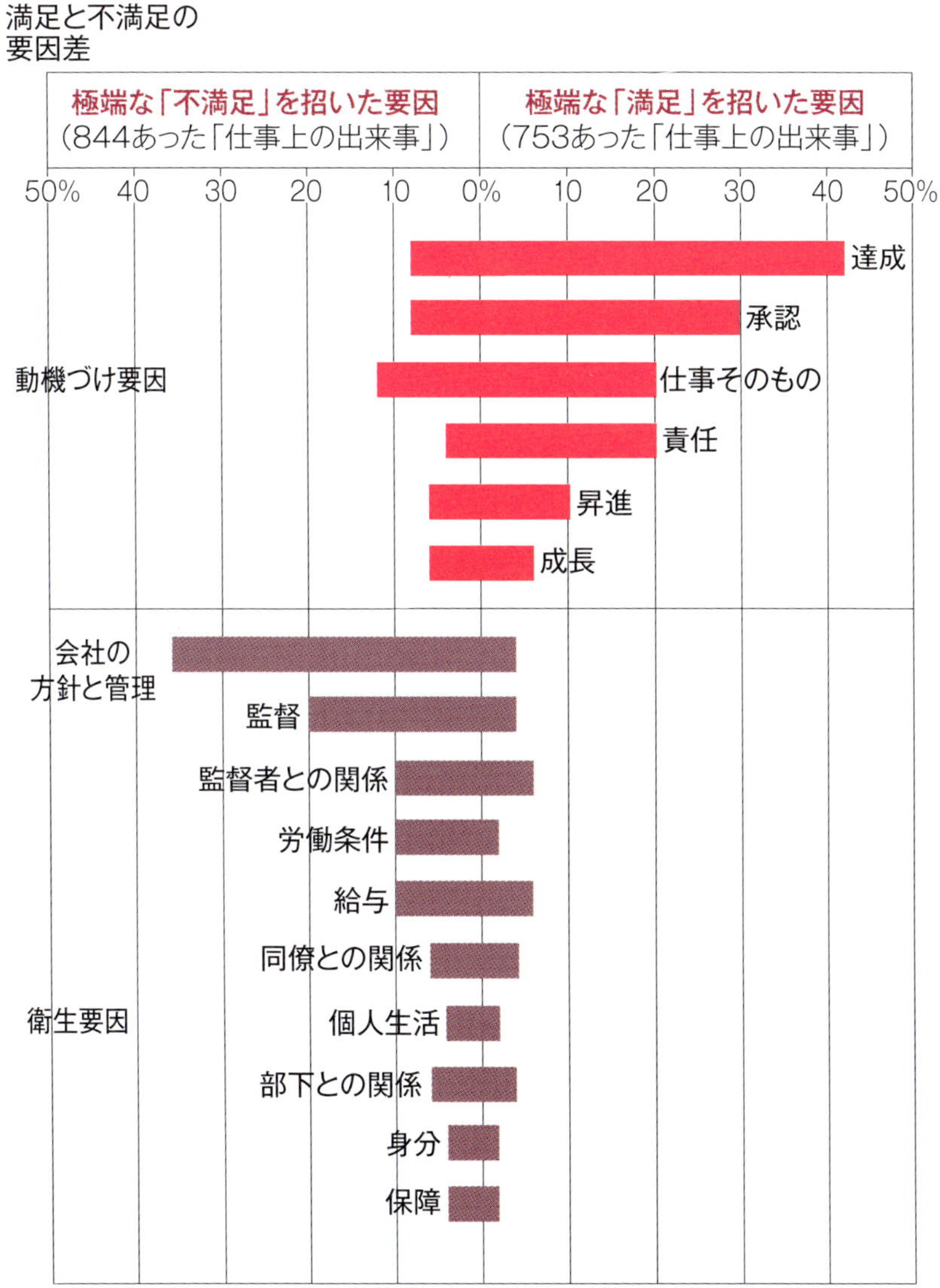

出所：『仕事と人間性』（フレデリック・ハーズバーグ著 北野利信訳 1968年、東洋経済新報社）

となっています。先ほどの介護労働安定センターの調査結果で「法人や施設・事業所の理念や運営のあり方に不満があったため」が一番多かったわけですが、これとぴたりと符合しています。

先ほども述べましたが、専門職は自分の資格や専門分野で食べていけるので会社の方針や管理に対する不満は一般企業のサラリーマンに比べてとても大きいと推測されます。

次に「監督」です。これは適正なマネジメントがされていないということです。指揮命令系統が整備されていない。だれに相談すればよいかわからない、複数の上司から違った指示が出てくるので、だれの指示に従えばよいかわからないなどです。

また、人事考課の評価が公平に感じられないといったこともこの監督（マネジメント）に含まれるでしょう。

3番目が「監督者との関係」です。これは直属の上司との人間関係です。これも介護労働安定センターの調査結果と符号しています。ウマが合わないと、何をやっても気に食わないということになってしまい、人間関係、信頼関係が築けません。こうなると、辞めるか、その上司をできるだけ避けるしか方法がありません。こうしたことは、日々のストレスの大きな原因となります。

次が「労働条件」です。休みが取りにくいとか、勤務時間が長いとか、休憩が全然取れないといったことが考えられます。

5番目が「給与」の不満です。介護労働安定センターの調査でも「給与」は辞めた理由の4番目で、それほど高くはありませんでした。

ハーズバーグはこれらの不満と感じた項目を「衛生要因」と名付けて、これが辞めて行く要因だと結論付けました。この衛生要因という言葉は、精神衛生上良くないというところからきています。

② 職場においてやる気を促す出来事とは?

一方、「満足」と感じた項目を見ていきましょう。

一番多かった項目は「達成」です。専門職に限らず人間は仕事を通した達成感に大きな喜びを感じます。

次は「承認」です。承認とは認められることです。職場の上司に褒められる。自分の仕事の成果が認めてもらえるなどが承認でしょう。

3番目に多かったのは、「仕事そのもの」です。これは専門職ならではの答えでしょう。そもそもこの仕事が好きだからここにいるという専門職の特性が表れています。

ハーズバーグはこの満足と感じた項目を「動機付け要因」と名付けました。そしてこの動機付け要因は、別に満たされなくても特に不満は感じないが、一旦、これが満たされると満足感、やる気が長く続くと述べています。

給与などの衛生要因は満たされても動機付けにつながったり、やる気が長く続くということはありませんが、一方で自ら属する職場に動機付け要因がある場合、やる気が長く持続するといわれています。

給与はたとえ2万円上がったとしても、半年やそこいらでそれが当たり前になってしまい、それが持続性のある動機付けにはつながらないといわれています。

一方でその組織にいると達成感が得られる、自分の仕事を評価してもらえる、自分が成長できているという実感があるといった場合、それはやる気を持続させます。その結果、その職場に帰属感を感じて、これが定着する要因とされています。

3 自分の職場の問題点を把握する

介護労働安定センターの調査結果やハーズバーグの研究結果を通して福祉・介護職員や資格で食べていける専門職の働く上での意識を見てきましたが、ここでは、実際、自分の職場が働きやすいのか、そうでないのかを測定し、自分の職場の問題点を知る方法を見ていきます。

(1) 職場のスタッフの意識を知るためのモラールサーベイとは?

モラールサーベイとは、企業の組織・職場管理に対して、従業員がどういう点にどの程度満足し、また、どんな問題意識を持っているのかを科学的に調査分析する手法で、一般には「士気調査」あるいは「従業員意識調査」「社員満足度調査」などと呼ばれています。

モラールとは集団の士気という意味です。また、サーベイとは探索するという意味です。したがって、モラールサーベイとは、直訳すると「集団の士気を探索する」という意味になります。

このモラールサーベイの代表的なものに厚生労働省が一般企業向けに開発した社内コミュニケーション診断（略称ＲＣＳ＝Research Communication Satisfaction）というものがあります。このＲＣＳは産業心理学や統計学を応用した質問紙法（マークシート方式）による意識調査ですが、40問程度の簡単な質問項目から従業員の意識を調べ、会社組織上の問題点を科学的、客観的に把握することができて、以下のような効果が期待できます。

① **経営者・管理者の管理意欲を向上させる。**

② **経営の効率化に役立つ。**

③ **社員の不平・不満を解消する。**

私は、このＲＣＳをアレンジして福祉・介護事業所向けに開発したモラールサーベイを使って、社会福祉法人や介護事業所の職員スタッフの労働意識調査を行っていますが、ここでその内容について紹介します。

図表４－４（１２４～１２５ページ）にその質問内容を掲載していますが、福祉・介護事業所で働くスタッフの労働意識を測る質問が計40項目あります。この40項目の質問は、①経営満足度、②上司満足度、③利用者（顧客）満足度、④労働条件満足度、⑤職場生活満足度と

いう5つのカテゴリーで構成されていて、個々の質問が順不同、雑多に並んでいます。

そして職員1人ひとりがこの質問に対して「はい」、「いいえ」、「どちらともいえない」の3択で回答することで、その結果がレーダーチャートに示されるようになっています（127ページの図表4－5）。

「はい」はおおむね肯定的な評価です。「はい」が多いとレーダーチャートは大きなグラフになります。

それに対して「いいえ」は否定的な評価です。これが多いとレーダーチャートは小さなグラフになります。

「どちらともいえない」は、肯定でも否定でもない、はっきりと答えられないという場合です。「どちらともいえない」が多いとレーダーチャートは「はい」と「いいえ」の中間の大きさのグラフになります。このグラフの大きさによって満足度、不満度を把握しようというものです。

① 経営満足度とは？

最初に「経営満足度」を見ていきます。これは大きく2つの項目を評価するようになっています。その1つは「組織の理念や運営のあり方に対する評価」で、もう1つは「人材育成に

■図表4-4 モラールサーベイチェックリスト

モラールサーベイチェックリスト

所属部署名（組織図上の部署名）:　　　　　　　　　　氏名:

正規職員・パート職員の区分:（正規　パート　いずれかに○を付けてください）

回答欄に当てはまる番号をご記入ください。

はい：2　　どちらともいえない：1　　いいえ：0

	質　問	回答欄
Q1	自施設（事業所）は、他事業所にはない独自のサービスを生み出そうとしていますか。	
Q2	あなたが所属する部署の直属の上司は直接、的確な指示を出していますか。	
Q3	自施設（事業所）では職員教育に力を入れていると思いますか。	
Q4	あなたが所属する部署の直属の上司は仕事を通しての訓練や能力向上のために努力してくれていると思いますか。	
Q5	自施設（事業所）は、利用者サービス向上のために積極的に努力していると思いますか。	
Q6	仕事の指示をする人が何人もいて、だれに従ってよいか困ることがありますか。	
Q7	自施設（事業所）は、より良く働ける環境づくりに積極的に取り組んでいますか。	
Q8	あなたの賃金は自施設（事業所）以外の事業所と比べて低いと感じることがありますか。	
Q9	仕事の疲れが抜けないということが、たびたびありますか。	
Q10	自分の仕事にはりあいを感じますか。	
Q11	職場のみんなの雰囲気は良いと思いますか。	
Q12	自施設（事業所）は従業員福祉の向上に努力していると思いますか。	
Q13	あなたが所属する部署の直属の上司は、方針や計画の変更があった場合、すぐに説明してくれますか。	
Q14	自施設（事業所）は、直接今の仕事に関わるものだけでなく、職員の能力を伸ばす機会を与えてくれていますか。	
Q15	あなたが所属する部署の直属の上司は、あなたが利用者との対応や交渉をなめらかに進めることができるよう取り計らっていると思いますか。	

質　問		回答欄
Q16	自施設（事業所）は、利用者との関係を大切にしていると思いますか。	
Q17	職場では、同僚の中に勝手にふるまう者がいると思いますか。	
Q18	自施設（事業所）は、将来展望を職員に明示していると思いますか。	
Q19	自施設（事業所）の賃金の決め方はおおむね公平だと思いますか。	
Q20	休憩時間を十分に取ることができますか。	
Q21	あなたは今後とも、この施設または事業所で働きたいと思いますか。	
Q22	職場では、だれでも自由に意見や考えを述べることができますか。	
Q23	自施設（事業所）は永年勤めても、安心して働ける組織だと思いますか。	
Q24	自施設（事業所）では、接客技術や高齢者福祉の向上のために、能力・経験に見合った訓練や研修が行われていると思いますか。	
Q25	利用者との間にトラブルが起きたとき、あなたが所属する部署の直属の上司や本部はすぐに手をさしのべてくれると思いますか。	
Q26	あなたが所属する部署の直属の上司は、チームワークがうまくいくように、いつも指導していますか。	
Q27	自施設（事業所）は、利用者からの苦情に迅速に対応できるよう努力していると思いますか。	
Q28	変更が伝わらないために、仕事がやりにくくなることはありますか。	
Q29	自施設（事業所）は、職員の職場生活の快適さに、十分気を配っていると思いますか。	
Q30	あなたの賃金は、あなたの仕事ぶりに見合っていると思いますか。	
Q31	休日や休暇は満足に取ることができますか。	
Q32	今の仕事は、あなたが精一杯力を発揮できる仕事だと思いますか。	
Q33	あなたは、仕事の仲間と、心から楽しく働いていますか。	
Q34	自施設（事業所）は、職員の健康の維持や向上に、十分気を配っていると思いますか。	
Q35	あなたは、利用者に対し、明るくハキハキと接していますか。	
Q36	自施設（事業所）ではみんなの仕事の範囲や責任がはっきりしていると思いますか。	
Q37	他の人と比べて、あなたの賃金は低すぎると思いますか。	
Q38	残業をふくめて、今の労働時間は適当だと思いますか。	
Q39	今の仕事は、やり終えた後に満足感を持つことができますか。	
Q40	自施設（事業所）の方針や指示はみんなに理解されていると思いますか。	

対する組織の取り組みについての評価」です。

法人や事業所の経営理念や経営方針に共感しているか、また、どれだけ浸透しているかという組織の理念や運営のあり方に対する評価と、職員スタッフを育成、成長させてくれるかという人材育成に対する評価が経営に対する満足度として測定されてレーダーチャートに表れます。

概してこの「経営満足度」の評価が高い場合、帰属感が高く、定着すると考えられています。

介護労働安定センターの調査の前職の介護事業所を辞めた理由のトップは、「法人や施設・事業所の理念や運営のあり方に不満があったため」でした。私の経験でも福祉・介護事業所の場合、この「経営満足度」が低い傾向にあります。

② 上司満足度とは？

2つ目が「上司満足度」です。働きやすい職場形成に努めてくれているかや指示や命令は的確か、あるいは自分が困ったときに手を差し伸べてくれているかといった質問がこれに該当します。

ハーズバーグの調査結果でも、「衛生要因」である不満の原因の3番目が「監督者（直属の上司）との関係」でした。したがって、これも離職に大きく作用するものと考えられています。

■図表4-5 モラールサーベイ結果事例

法人名

事業所名

氏名

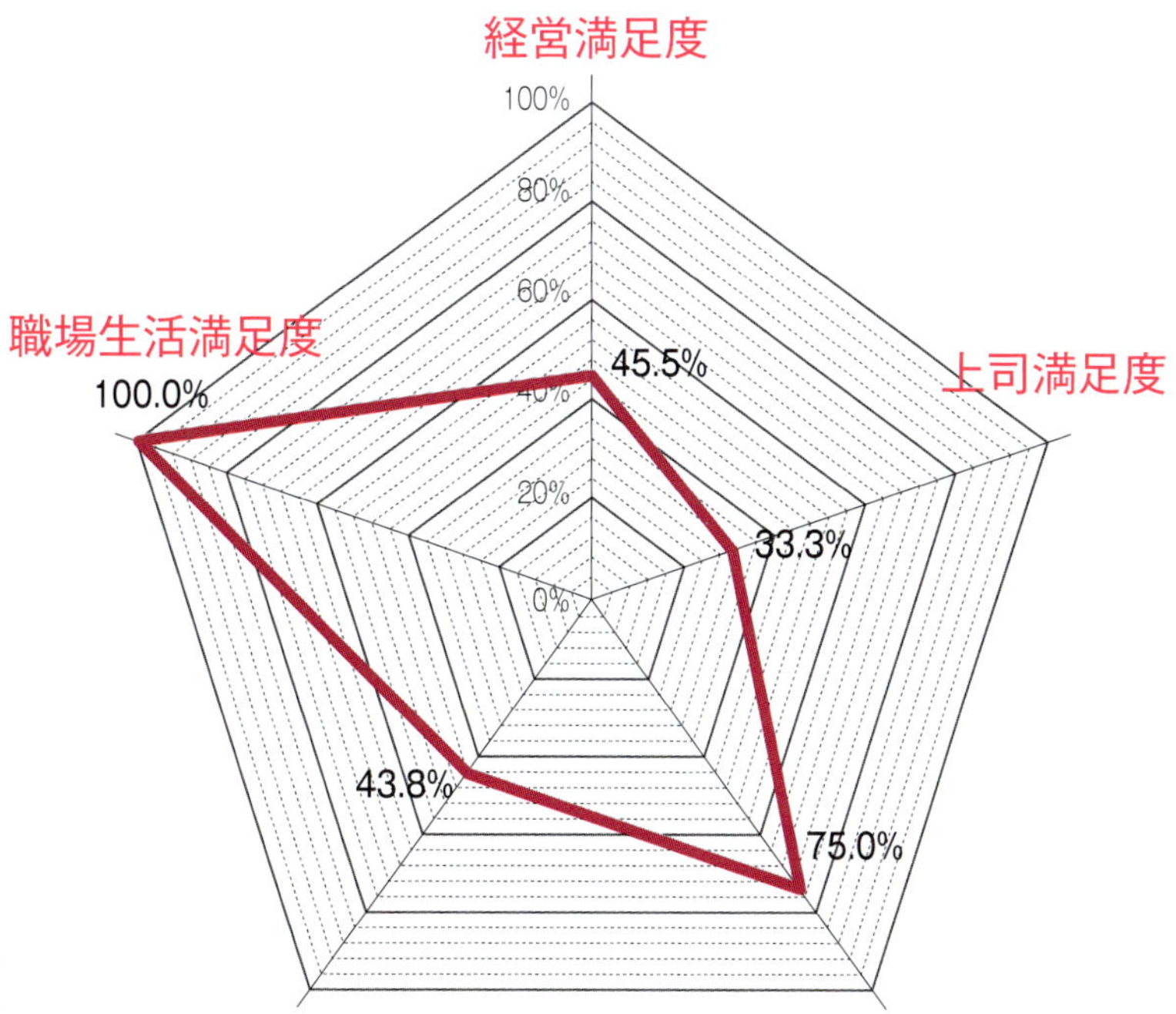

この「上司満足度」は事業所によっても、また、同じ事業所でも、個人によってばらばらな評価になる傾向が高いようです。これは人によって感じ方が違うのか、あるいは、えこひいきといいますか、リーダーが公平・公正にふるまっていないということも実態としてあるのではないかと考えています。

③ 利用者（顧客）満足度とは？

3つ目が「利用者（顧客）満足度」です。これも「経営満足度」と同じで大きく2つの項目を評価するようになっています。

その1つはいうまでもなく「利用者満足に対する評価」ですが、もう1つは「職場秩序についての評価」です。

「利用者満足、利用者満足」を唱えるだけで、スタッフ1人ひとりが自分勝手に仕事をしていたり、声の大きな人の意見で職場が牛耳られていたりして、職場秩序が良くないところに利用者満足はありえないということが背景にあり、この職場の秩序に対する評価が「利用者（顧客）満足度」に組み込まれています。

実際、この診断を実施した事業所の多くでは、思ったよりこの「利用者（顧客）満足度」が高くないことに意外に感じられる方も多いようで、そうした場合、私は、職場秩序に問題があるのではないかという解説をしています。

④ 労働条件満足度とは？

4つ目が「労働条件満足度」です。これは、物理的な労働条件に対する評価です。給与は適切と思うか、休みが取れるか、休憩は気がねなくゆっくり取れているかといった質問です。福祉・介護事業所の場合、概してこの「労働条件満足度」が低い傾向にあります。

⑤ 職場生活満足度とは？

5つ目が「職場生活満足度」です。職場のみんなの雰囲気は良いと思うか、職場では、だれでも自由に意見や考えを述べることができるか、また、その反対に、職場では同僚の中に勝手にふるまう者がいると思うか、といった質問です。

この「職場生活満足度」は概して高い評価になる傾向があります。しかし、これも注意して見る必要があります。単なる仲良しグループや派閥に安住していることでこの評価が高いという場合もあるからです。また、女性が多い職場ですので、あまり波風を立てたくないという心理が働いて良い評価になっているような感じも見受けられます。

こうして見てくるとこのモラールサーベイが職場改善に役立つことがわかると思います。また、介護労働安定センターが調査した離職の原因や、ハーズバーグの「衛生要因」、「動機付け要因」とも符合していることもおわかりでしょう。

リーダーであるあなたも、自分の現場のスタッフにこのモラールサーベイチェックリストを実施してみることをお勧めします。実施してみて、現場の課題や問題点を客観的に把握することで、リーダーとして何をすべきか、何ができるかを考えてみてはいかがでしょうか。

4 リーダーになったら「就業規則」を理解しておく

(1) 就業規則が職場のルール

みなさんが働いている事業所には、「就業規則」というものがあります。おそらく入職時に事業所から手渡されていると思います。あるいは、入職時のオリエンテーションや新人研修の中で説明を受けられたという方もいらっしゃるでしょう。

この就業規則がその事業所で働く上での職場のルールです。就業規則には、職員としてどのような心構えで働かなくてはならないかや、勤務時間中守らなくてはいけないこと、さらには身なり服装はどうあるべきかなどの服務に関することが規定されています。

また、年間の公休は何日あるか、有給休暇は年間何日支給されるか、欠勤や遅刻、早退とはどのようなことを指すのかといった勤怠に関することも明示されています。いわゆる労働条件ですが、この労働条件で事業所と職員は雇用契約を結んでいるわけです。さらに、労働条件の中には給与も含まれますが、これは給与規程として別に示される場合が多いと思います。給与規程には、基本給の他に役職手当、扶養手当、資格手当、住居手当、通勤手当等の諸手当の種類とその額、並びに賞与支給基準などが示されています。

つまり就業規則には、職員がその事業所で働く上での権利と義務が明示されているわけです。役職員も含めた従業員は、この就業規則に従って日々、職場での仕事に精励することが求められます。

しかしながら実際はどうでしょうか。私は、社会福祉法人の施設や介護事業所などでスタッフに就業規則を知っていますか、あるいは読んだことがありますかとよく質問しますが、たいていの人はもらったような気がするが、実際には読んでいないとか、いやまったく知らないなどと答えます。

福祉・介護の職場で働く専門職は、特養で介護職の仕事をしている、保育所で保育士として働いている、老健（介護老人保健施設）で看護師をしているという施設の枠組みだけで働いているケースが多くて、法人や事業所のルールには無頓着か意識していない場合が多いように思われます。また、同じ種別の施設や事業所に転職を繰り返すうちに事業所は単なる器であり、どこの事業所に属してもそこのルールとは関係なく、働き方は何も変わらない、施設の専門職という枠組みの中だけで働いているというケースも多々見受けられます。

（2）従業員としての権利と義務を理解すること

ある介護施設でこんな相談を受けたことがあります。

その施設で働くある職員から、体調不良が原因で病院受診した場合の当日の急な休みは、欠勤ではなく有給休暇扱いにして欲しいという申し出があったそうです。その理由として、普段、現場が忙しくてなかなか有給休暇が取れないから、そういうときしか有休を消化できないので欠勤扱いにしないでもらいたい、というものでした。ちなみに、その施設の就業規則には、当日の急な休みは欠勤とすると明示されています。みなさんはこれをどう受け止められますか。

福祉・介護の職場で発生する労働条件に対する不満や混乱は、多くの場合、「権利と義務」の捉え方に起因しています。このケースもまさにそれに該当すると思いますが、そもそも当日の急な休みは欠勤とすると就業規則に明示されているにもかかわらず、勝手に自分の事情を優先させる、義務より先に権利を主張するところに問題があるように思われます。

福祉施設や介護施設の場合、毎日、現場に何人のスタッフを配置する必要があるかという職員配置基準に則って、あらかじめ勤務シフトが決められています。そしてその人数でその日1日、現場を回すようにと考えられています。

こうした業務の性質上、その日、急な欠員が出ると現場が手薄になり、残りの職員の負担が増して、事故やトラブルが起きやすいという理由からペナルティーの意味も込めて、多くの施設では欠勤扱いにしているわけです。

ところがそうした義務はどこかに置き忘れ、普段、有休がなかなか取れないから有休扱いにして欲しいという権利を優先した主張にすり替わるわけです。自分の急な欠勤が、現場の仲間に迷惑をかけるという意識より自分の利害が優先されます。

また、そもそも有休とは、事前にこの日は休みたいと申請して休みを取るわけですが、業務の都合により、必ずその日取らせるかどうかは所属長の判断に委ねられています。これも労働基準法に則ってどこの就業規則にも明示されているはずです。

こうして考えてきますと、欠勤と有休とでは、同じ休みでも、実際はまったく別の性格のものなのです。これを、休みは休みだからと一緒くたに考えているところに問題があるわけです。

このような意識は、就業規則を通して、給料をもらっている労働者の権利と義務の関係を理解することで、少なからず変えることができるものではないでしょうか。

また、こうした申し出は直属のリーダーには相談せずに、いきなりトップの施設長や理事長への直談判《じかだんぱん》という形で行われるケースがほとんどです。

なぜなら、そもそもリーダーが労務管理は自分の仕事ではないと考えているため、「そんなこと自分に相談されても」と言われるのがおちなので、こうしたことはトップに相談するものだとスタッフも信じていたり、リーダー自身が、こうした一スタッフと何ら意識が違わなかったりしているため、場合によっては「それは欠勤扱いにするのはおかしいんじゃないか。みんなのためになるから施設長に相談しなさいよ」と逆に煽るようなこともあったりするからです。組織的な考え方が根付いていない、福祉・介護の現場ではよく耳にする話です。

(3) 就業規則を日々の労務管理の基準とする

前にも書きましたが、現場のリーダーは経営トップの方針や事業所のルールを自分が理解した上で、スタッフにわかりやすく伝えるのが仕事だということで考えますと、就業規則もリーダー自身が十分に理解しておく必要があります。就業規則を理解した上で、労働者の権利と義務について明確な考え方を経営層と共有していないと、こうした申し出がそこら中で火を噴きます。

また、直談判された施設長や理事長が個別の事情をのんでしまったりすると、そこに各々の個別のルールができてしまい、職場のルールは有名無実になっていきます。そうなってしまうと、次から次へと「こうしたケースはどうなりますか」、「この場合も認めてください」というようなことが横行し、何でもトップに直談判した方が得というような職場風土ができ上がっていくわけです。このような「言ったもん勝ち」の職場風土になってしまわないようにする役割は、現場のスタッフを預かるリーダーであるみなさんなのです。そうしたことに心を砕くことが、公平・公正で働きやすい職場風土につながるのです。

(4) 権利が先か義務が先か

私が以前勤めていた特養でもこんなことがありました。この特養でもご多分に漏れず、有給休暇がなかなか取れないという実態がありました。

有休がなかなか取れない理由には、現場の業務にムダ・ムラが多く、人海戦術が習わしになっていて、頭数が揃わないと現場が回らないという強迫観念から、計画的な有休が取りにくいという場合も多いわけですが、いずれにしても有休が毎年10日以上残ってしまうというスタッフも少なからずいたわけです。

そこで職員はどうしたかといいますと、退職すると決めたら、退職日を有休を全部消化した後に設定するわけです。つまり、退職しようと決めた日が、たとえば12月31日だとすると、退職日を3月31日にして、その3カ月間、有休をどんどん取って余った有休を消化しきるのです。残った有休が多い人は、1月から退職日の3月31日まで1日も出勤しないということもまれではありませんでした。

そして先輩職員が辞めたときもそうだった、自分たちも1人欠員の状態で苦労したから、自分が辞めるときもそうするのが当然というようなことで、後から辞めて行く職員もみなそれにならって、それが職場の慣行になっていました。

こうした働き方、辞め方をみなさんはどうお感じになりますか。

当然とお考えの方もおられるでしょう。また、もってのほかとお考えの方もいらっしゃると思います。

「従業員は経営者にされたことを顧客に転嫁する」つまり、有休が取れないような労働条件にしたのは、経営者のせいである。だからその見返りとして辞めると決めたら後はどうなろうと知らない。利用者のことも考えない。職場の仲間が苦労することも気にならない。これが権利を主張して義務は後回しということではないでしょうか。

やはりここにも権利と義務の捉え方の問題が横たわっています。権利が先か義務が先か。この捉え方が職場の風土になります。リーダーであるみなさんには、そうしたことをしっかり律して欲しいのです。それが結果的に従業員満足につながり、安定した利用者サービスにつながっていくのではないでしょうか。

PART 5

福祉・介護スタッフの人材育成と労務管理のポイント

1 職員の質は人間力

福祉・介護の仕事とは、さまざまな人生観や障害を持った、1人ひとり異なる利用者の感情や欲求に対して、自分自身の全人格でもって対峙することだと思います。

そのためには、介護技術や病気・障害に関する知識に加えて「観察力」や「他者に対する共感」、「人の話を素直に聞ける人間性」、「自分の都合でものごとを判断しない素直さ」、「うそをつかない誠実さ」さらには「次にどのようなことが起きるかを予測できる注意力」などのいわゆる人間力が求められるのではないでしょうか。

福祉・介護の職場では、日々、職員のこうしたさまざまなレベルの人間力によってサービスが提供されています。その結果、それがそのまま利用者の満足につながったり、あるいは不満となってしまったり、あるいは事故や苦情になったりして、事業所のサービスの質を決めているのではないでしょうか。つまり職員の質がサービスの質というわけです。

したがって、職場のリーダーは、職員1人ひとりの行動や言動を律する必要があるわけですが、なかなかそうしたことが実践されているところは少ないようです。

リーダーが嫌われたくない、良い人と思われていたい、職場であまり波風を立てたくない、白黒をはっきりさせたくないという意識では、施設や事業所のサービスは良くならないのではないでしょうか。現場のリーダーが正しい基準を携えて、職員スタッフの行動、言動を統制しない限り、職員個々のバラバラのレベルの行動、ふるまい、言動が、そのままその施設・事業所のサービス水準になってしまうのではないかと思います。

2 職員スタッフの行動のメカニズム（原因・プロセス・結果）とは？

それでは、職員スタッフの行動やふるまい、言動はどのようにして生まれてくるのでしょうか。

行動や言動は、いうなれば「結果」です。氷山の一角です。その氷山の一角である行動（結果）の背景には、それを引き起こす「原因」と「プロセス（過程）」が存在します。

（1）行動の「原因」となるのは知識と技能

まず最初に、職員スタッフの行動の元となる「原因」から見ていきましょう。

その原因には、「知識」と「技能」の2つがあると考えられます。

それでは、この知識には、どのようなものがあるでしょうか。まず、福祉・介護サービスに関する専門知識やその施設・事業所の日々の業務において必要とされる業務知識などが浮かんできます。さらには、日々の実践を通して得た経験を他の場面でも応用できるような論

■図表5-1 スタッフの行動のメカニズム

原　因	知識	●専門知識、業務知識 ●仕事の進め方、問題解決に必要な知識 ●論理的、体系的な思考
	技能	●動作の的確さ、器用さ、機敏さ ●ノウハウ（仕事のコツ、勘どころ） ●問題解決に役立つ知恵
プロセス	態度・姿勢・熱意	●仕事に対する意欲 ●ものの見方、考え方、価値観 ●柔軟性、素直さ、誠実さ、注意力など
結　果	行動	●実際の行動 ●仕事の成果

理的・体系化できる思考なども重要だと思います。

福祉・介護サービスに必要な専門知識や日々の業務に必要な知識などは資格や経験を通して、ある程度は積み上がっていくものでしょう。

(2) 知識はマニュアルレベルの「形式知」だけでは足りない

一方、論理的・体系化できる思考は、また別の能力ではないかと考えられます。そうした能力は、毎日同じことの繰り返しだけでは習得されません。また、資格で担保できるものでもありません。

同じ場面を経験しても、ノウハウが積み上がる人もいれば積み上がらない人もいます。同じ経験をしても、その経験を別の場面で応用できる人とそうでない人がいます。それはなぜなのか。

福祉・介護サービスの専門知識や業務知識、資格などの形式知、いわゆる明文化された机上の知識、マニュアルといったものももちろん必要ですが、論理的・体系化できる思考があるかないかが、仕事の質を向上させる際、重要な要素なのです。

机上で得られる知識を「形式知」というのに対して、経験や場面に遭遇してみて、反省や振り返りといったことを繰り返しながら積み上がっていく知識を「暗黙知」といいます。これは極めて属人的なものであり、なかなかマニュアル化できない実践の知恵といわれるものです。そうした思考力を養うには、本を読んだり、論理的にものごとを考える習慣を続けていかないと習得され難いものです。いずれにしてもこのような知識の有無が、結果（行動）の優劣、適不適に影響を与えることになります。

原因の2つ目は「技能」ですが、これには動作の的確さ、器用さ、機敏さ、フットワークといったものがあげられます。これらは、効率的に仕事を進める上でとても重要な要素です。さらには、経験や勘によって培われる仕事のコツや勘どころといったものも技能といえるでしょう。

これらの知識や技能は、何も対人援助サービスに限らず、どのような職業においても欠かせない基本的な能力ではないでしょうか。

（3）態度・姿勢・熱意が成果を決める

次に「結果」を導き出すもうひとつの要因である「プロセス」を見ていきましょう。知識や技能という「原因」は「プロセス」を通して「結果」となって表れます。この「プロセス」として考えられるものが態度・姿勢・熱意です。

態度・姿勢・熱意とは、「仕事に対する意欲・情熱」、「ものの見方・考え方」、「価値観」、「素直さ」、「誠実さ」、「志」などです。

私は、仕事の成果・結果を出すには、こうした態度・姿勢・熱意が一番大事だと思っています。いくら学歴が高かったり、資格をたくさん持っていたりして、能力が高かったとしても、この、「仕事に対する意欲」、「社会のためになりたいという貢献意識」、「ものの見方・考え方」、「社会を見る目」、「責任感」、「正しい価値判断基準」、「素直さ」、「誠実さ」、「真っ当な志」といった要素が欠けているとどのような仕事でも成果を出すことは難しいと感じているからです。

先に人が人に直接サービスを提供する対人サービスの場合、職員の人間力が問われると書きましたが、この人間力を高めていく源泉が、この態度・姿勢・熱意ではないかと思います。

「社会を見る目」や「人間観察力」、「洞察力」、「真っ当な価値観」、「人の話を素直に聞ける素直さ」、「うそをつかない誠実さ」、「その場に遭遇してみて、次にどのようなことが必要になるかを予測できる注意力」というものがあってはじめて、人間力が培われていき、相手に応じた適切な対応が可能になるのです。

3 福祉・介護スタッフの育成のポイント

(1)仕事に対する考え方の基準を合わせる

前述した、態度・姿勢・熱意は、知識・技術教育に終始する専門職研修ではなかなか習得できるものではありません。なぜなら、こうした要素は、職員スタッフの今までの生き方からでき上がった価値観や考え方と深く結びついているからです。

福祉・介護の職場では、知識・技術に終始した専門職研修が人材育成の中心と考えられていたり、また、何かというとマニュアルを整備するという話になってしまいますが、はたしてそうでしょうか。

私は、考え方や価値観が先にあって、仕事の本質を踏まえた上で知識・技術を積み上げていく、という順番ではないかと思っています。しっかりとした考え方や価値観があり、そして自分の生業の本質に照らして自分の仕事を見つめていけば、知識・技術は自然と後からついてくるものではないでしょうか。

こうしたことから考えていきますと、リーダーが職員の質を上げていくためには、単なる知識・技術偏重の考え方から脱却して、態度・姿勢・熱意に着目することが必要ではないかと思います。態度・姿勢・熱意というものは、その人の考え方や生き方そのものです。

リーダーは、職員スタッフの考え方や生き方、つまり仕事に対する考え方・捉え方、利用者に対するサービス提供者としての立ち位置等のスタンダード（基準）を合わせていくことが重要なのではないでしょうか。それが職員個々の主観的な思いだけの一貫性のないサービスではなく、統一性のあるサービスにつながり、結果、それが事業所のブランドとなっていくのではないかと思います。

私は、かって自分が任されていた部署の部下スタッフに対して、いくつかの価値基準を示して、仕事に対する考え方の方向性を合わせようと取り組んだことがありました。その部署（会社）も多くの福祉・介護事業所と同じように中途採用者の集まりでした。したがって、さまざまな職歴の人がいました。そうした背景から価値観や考え方がさまざまあり、それがチームで仕事をする上で大きな障害だと感じていたからです。成果を出すためには、考え方の基準を合わせる必要があります。ここでそのいくつかをご紹介します。

（2）仕事に対する価値基準を作る

①　私利私欲を排除する（仕事は自分のためにやるのではなく、他人のためにやるもの。日本では、昔から働くということは傍〈はた〉を楽〈らく〉にするということだといわれてきました）

②　時間さえかければ質が上がるという言い訳をしない（スピードこそ質）

③　量をこなさなければ決して質は上がらない。時間ばかりかけて少しのことしかできないようでは、決して質は上がらない

④　自分の仕事の成果・質を評価するのは自分ではなく他人である（仕事はお客様や上司が評価するもの）

⑤　自分が関わったコンサルティング案件（ケース）を通じて、自分なりの暗黙知を積み上げる（体系化・汎用化することで多くの場面で活用できる）

⑥　コンサルタントは対人サービス業である（単にコンサル商品（ツール）を売り歩くセールスマンではなく、経営者の悩みに対して全人格的に関わることが重要）

⑦　部下は遂行責任（やるべきことをやるべきときに言われたとおりに遂行する）。管理職は結果責任（部下に任せた、あるいは部下が行った仕事の結果、何か不都合が発生した場合の全責任）を負うこと

こうした価値基準を示した上で、具体的なチェックポイントを掲げてそこに基準を合わせて仕事をしていく、立ち位置を合わせる、それを基準に仕事の仕方を見直していくというふうに指導していきました。こうしたことの積み重ねが、それぞれ違う価値観を持った人々の意識を合わせていき、結果、チームワークを円滑にすることになるのではないでしょうか。

4 福祉・介護の職場の人事労務管理のポイント

このように職場のリーダーは、職員スタッフの働き方の基準を合わせていくことが重要な役割です。こうしたことを経営用語では、「人事労務管理」と呼んでいます。

「人事労務管理」をインターネット上のウィキペディアで見ますと、「企業の経営資源のヒト（労働力）・モノ（生産手段……設備や原材料など）・カネ（資本）の3要素のうち、ヒトを対象とする管理活動である。ここでの『管理』とは、自ら意志を持ち活動する人間を、企業目的の達成のために制御・統制することである」と書かれています。

人間には意志があります。それぞれの「思い」もあります。職員スタッフの就業意識や仕事の仕方は、その意志や「思い」を通して表れます。したがって、必ずしも法人や会社（経営者の考え）の自由になりません。

（1）人事労務管理はなぜ必要か

経営資源には「ヒト」「モノ」「カネ」という3つの資源がありますが、唯一「ヒト」という経営資源だけが会社の自由にならない資源です。

一方、モノやカネは意図したとおりに生かせます。ベッドを買えばそれは、利用者の安眠というベッド本来の機能をそのまま果たしてくれます。

また、カネもその意図どおりに使えます。借金の返済のために銀行からお金を借りたら、それは借金の返済に使われます。

こうしてみるとヒトという経営資源は、他の経営資源とはまったく違うものなのです。そこで、組織には、職員スタッフの労働力を組織の目標に向かって最大限に引き出すために、適切な人事労務管理というものが必要になってくるわけです。

福祉専門職であっても、組織の目標に向かって働いてもらうことが肝心です。人間は、自ら意志を持ち、その意志や思いに従ってさまざまな働き方をするということですが、これは、放っておくと自分のしたいことしかしない、あるいは自分ができることしかしないということになりかねません。現場のリーダーは、職員スタッフの働き方を施設・事業所の方針や目標に合わせていく必要があります。

（2）自分の「思い」だけの集団に一体感はない

それでは、福祉・介護の現場で働くスタッフはどのような意志や思いを持って働いているでしょうか。その特徴をいくつかあげてみたいと思います。

まず、働く動機として「人の世話をして人に感謝されたい」という気持ちで働いている方が多いと思います。

また、たとえば、自分はおばあちゃんっ子で、おばあちゃんがとても好きだったんだけど、そのおばあちゃんが介護状態になったときに自分が何もしてあげられなかったことを後悔している。そうした後悔の念を他人のお年寄りの世話をすることで少しでも和らげたいという動機で働いている方もいます。

この仕事を選んだ動機としては純粋なものですが、そうした自らの思いや自己実現のためだけで働いていると、だんだんと自分の裁量だけで働くようになっていき、組織の目標とそぐわないものになってしまいます。

そうしたさまざまな自分の思いだけの集合体では、決して生産性は上がりませんし、また組織で決めたルールや方針もなかなか尊重されません。

私は、よく福祉・介護事業所で何らかの方針やルールを決定する場に立ち会いますが、組織で一旦決定したにもかかわらず、1カ月も経たないうちに現場スタッフから「利用者のためにはこうした方がいいんじゃないか」とか「これはおかしいので、このように変えて欲しい」などと次から次へとルールを決めたときの考え方とはまったく方向性が違う意見が出てきたりします。

自分の思いだけで働く集団ではこのようなことがしばしば起こります。

(3) 現場での仕事のやり方がサービスや経営に直結する

また、経営とは金儲けであり、利益を考えることは福祉・介護の仕事にそぐわないという意識を持っている方も散見されます。

経営者が発する言葉は、金儲けや人間疎外にしか聞こえず、経営者の意図することがたとえ金儲けではなく、事業を継続・発展させるための真っ当な方針であったとしても、経営は経営、私たちが考えることではない。現場のサービスと経営は別物というふうに割り切ってしまっているようなこともあるように感じます。

さらには、自分たちが世話をしている利用者は、高齢者や障害者または幼児という、いわゆる経済効率だけでは推し量れない人たちであるため、そのような業種で経営効率を追求することはナンセンスであり、下手な業務効率化はこの仕事と相いれないと考えて、業務の効率化に対して、嫌悪感を感じるようなこともあるようです。パソコンなどを使って機械化するよりは、手書きの方が相手に思いが伝わるから手書きの方がいいと主張して貴重な時間を浪費するような働き方もよしとされていたりします。

ここでよく考えていただきたいことは、われわれ福祉・介護従業者は、だれのために、また何のために働くかということです。

本来の目的に立ち返って考えてみると、それはとりもなおさず利用者のためであり、自分がサラリーを得ている事業所のためであり、ひいては、税金を投入してくれている国のためであるはずです。とすれば、利用者のサービス向上につながる記録作成の効率化や事業所の経営に貢献するような生産性を考えた働き方が必要になるのではないでしょうか。

5 働きやすい職場にするために知っておいて欲しい労務管理とは

リーダーは、人事労務管理を実践して、方向性を合わせることで、職員スタッフの英知を結集し、利用者サービスの質を上げ、経営成果に貢献していくことが重要な役割であると述べてきましたが、ここでは、具体的に人事労務管理の範囲とその機能を見ていきたいと思います。

人事労務管理には、以下のように幅広い機能・役割がありますが、その中には経営層が担うべきものと現場リーダーが担うべきものがあります。

(1) 人事・雇用管理

まずはじめに、人事・雇用管理ですが、これは「採用、配置、人事異動、人事考課」などを通して良質な労働力の確保や適材適所の配置を行って、事業を円滑に運営することが目的です。

採用と配置は、基本的には経営者層の役割かあるいは人事部といった本社機能になりますから、通常、現場のリーダーは関与しない領域だと思います。

ここでリーダーの役割からは少し離れますが、「採用・配置」は非常に重要なものですので、少し踏み込んで考えてみたいと思います。なぜなら、福祉・介護業界では、この人事労務管理の入り口の一番重要な「採用・配置」が、あまりにもおろそかにされすぎているのではないかと疑問に思っているからです。

福祉・介護の業界は、他の業界と違って、新卒を定期的に採用して、その新人を法人や会社の理念や組織風土に馴染ませるための新人教育を行い、そうした新人教育期間を通して見えてきた適性に応じて、職場に配置するという体系的な雇用管理システムが整備されているところが極めてまれです。たしかに、中小零細企業が多くてそうしたことに手が回らないといった事情も大きいかと思います。

■中途採用者が多いことによる特殊な職場風土

多くの事業所では離職による欠員補充に追われて、定期採用ではなく、欠員補充採用が一般的です。

そのような経緯から福祉・介護の事業所の大半は、中途採用者で占められています。

また、採用したら導入教育がないところも多く、いきなり現場に配置するというところも多いようです。あるいは、いきなり現場に配置しないまでも、せいぜい半日か1日程度の簡単なオリエンテーション程度で、理念や方針を浸透させた上で組織風土に馴染ませるといったところまではとうてい至っていないというのが実態ではないでしょうか。

昨日まで同じ業種の別の事業所で働いていたり、まったく別の業界から転職してきたり、あるいはずっと家庭にいて何十年ぶりかで社会で働くようになったというような、さまざまな職歴、経歴の方が、さまざまな価値観や思い、考え方を携えたまま、いきなり今日から自分たちの現場に入ってきます。

そうすると、同じ組織で働く上でとても重要な組織としての方向性や価値基準といったものが認識されないまま、個人の価値観だけで仕事をすることになってしまいます。そして多くの場合、「利用者のため」という人によってさまざまな捉え方がされる価値観だけが唯一絶対の基準になります。

唯一絶対といいますが、実際、「利用者のため」という価値基準は、職員スタッフ各々でさまざま違います。その結果、「利用者のため」と言えばだれも何も言えない、言い換えると、何でも容認されるような組織風土ができ上がります。みなさんの職場では、そのようなことになっていないでしょうか。

■人の採用や教育に時間もお金もかけないという問題

そもそも、福祉・介護事業所の人件費率は、おおむね60%〜80%と極めて高い比率です。他のサービス業である飲食業やスーパーマーケットではせいぜい8〜15%程度ですから、福祉・介護の事業は、格段に人件費率が高い業種です。いわゆる人がメインの商品なのです。

にもかかわらず、そのメインとなる商品である「人」の採用や教育にあまりにも時間もお金もかけない。長期的な視野を踏まえた採用基準もなく、関連資格があればよいとか、経験があればよいとか、利用者のお世話ができればよいという程度の安易さで、ハローワークに求人募集を出して、後は何もしないでただ待っているだけという事業所が少なからず存在します。

そして、欠員補充という切羽詰まった状態ですので、応募してきた人に多少不安を感じたとしてもそのまま採用してしまいます。たしかに人材難という業界特有の労働市場の問題も大きく作用していることは事実ですが、本質的には別の次元の問題だと思います。

こうした退職者補充採用が何年も繰り返されるとそこで働く人たちの方向性や価値観は、ますますバラバラになってしまい、ルールも浸透せず、1+1が2やそれ以上にならない。場合によっては、0・5にしかならないといった、非常に生産性が低い職場ができ上がっていきます。

国は福祉・介護業界を成長分野と位置付けていますが、この人材の採用と採用時教育に魂を入れない限り、この業界の真の発展はないように感じていますが、それは考えすぎでしょうか。

昭和30年代に新しい産業としてスーパーマーケットが急成長して、それまでの日本の小売業のスタイルを根本的に変えていき、その後、今に至るまで隆盛を誇っていますが、これは新卒採用、採用時導入教育をしっかりやってきた結果、そこで働く人たちの方向性をしっかり合わせることができたことも、産業として確立できた大きな成功要因だったのではないでしょうか。

■リーダーは利用者よりスタッフに関心を持って

話が少し飛躍しましたが、そうして入ってきた人材に対して、現場ではどのように受け入れているのでしょうか。

現場では、「忙しい、人が足りない」というのが口癖になっています。とりあえず頭数が増えれば現場としては歓迎します。しかし、それは即戦力としての歓迎です。今日から自分たちの仕事が楽になるはずだという期待です。ところが、実態は数日も経たないうちに、「経験者と聞いて期待していたのに、こんなこともできないの」といった冷たい視線や言葉が浴びせられることになったりします。

私は、仕事柄、現場のスタッフの方とお話をする機会も多いのですが、現場のスタッフさんからこんな話を聞いたりします。

「入ってきたときは、周りが本当に冷たかった。わからないことがあって聞くと、そんなことも知らないの、という態度や言葉が返ってくることも多かった。でも見よう見まねで頑張って、だんだん独り立ちしてくると、今度はだれも何も言わなくなってくるんだけど、はたしてこのやり方でいいのかといつも不安があります」。

みなさんはこれについてどうお感じになりますか。

利用者にしか関心がなく、同僚、部下スタッフに関心がない職場では、こうしたことが日常茶飯事になってしまっているのではないでしょうか。

現場のリーダーは、新しく入ってきたスタッフに対して「何か困ってることはないか」と常に気遣ってあげられるようにしないといけないのではないでしょうか。

また、現場のスタッフたちにも、新しく入ってきた仲間を温かく迎え入れるように教育指導をしなければいけないのではないでしょうか。

リーダーは利用者に対する関心だけではダメなのです。リーダー自らが率先して現場のスタッフに関心を持たなければ、利用者には優しいが職員スタッフには厳しい、冷たい現場になってしまいます。リーダーからの毎日のちょっとした声掛けが大事なのです。

「今日、顔色悪いけど何かあったの?」とか「今日は元気そうだけど何かいいことあったの?」

こうした何気ない声掛けが、スタッフにとってはちゃんと見ていてくれているんだ、関心を示してくれているんだという安心感につながります。そして自分の居場所があるんだという安心感は、ここで頑張ろうという気持ちにさせてくれます。

リーダーには、率先してスタッフに関心を示して欲しいと思います。そうしたことの繰り返しが現場の一体感につながっていくものだと思います。

■リーダーは仕事について定期的にスタッフ個人と面接をすること

よく、スタッフが前述のような安心して働ける職場風土になっていないにもかかわらず、人事考課制度だけ入れてスタッフの人材育成に力を入れていると安閑としている事業所を見かけたりしますが、これは「仏作って魂入れず」の典型です。

システムだけ入れても職場風土は変わりません。まず大事なのは、現場のリーダーがスタッフに対して「何か困っていることはないか」と常に関心を示すことだと思います。

経営コンサルタントという仕事柄、そうした、利用者にしか関心がないという風土にもかかわらず、人事考課制度を導入して欲しいと依頼されるケースも少なくありません。そして人事考課制度は入れたものの、全然機能しないという失敗事例も、また少なからずあります。

一般に、新しい制度、仕組みを入れてそれを動かそうとすると、そこの組織の問題が必ず浮き彫りになってきます。現場のリーダーが、利用者に対する関心ばかりで職員スタッフに対して普段何も関心を示さないような職場では、人事考課のような制度だけ入れてもダメだということが見えてきます

しかしながら、こうした失敗事例でも1つだけいいことがあります。

人事考課制度を導入する場合、スタッフと直属のリーダーが定期的に面接する面接制度というものを取り入れるのですが、それが組織の風通しを良くする上で役に立つのです。導入当初、いろいろな不協和音があり、なかなかうまく運用できない事業所でも、この面接制度だけは例外なく好評です。裏返してみると、今までいかにスタッフと直属のリーダーが普段、仕事についてのコミュニケーションを図っていなかったかということを物語っています。

リーダーは日頃から職員スタッフの働きぶりをよく観察し、同時にアドバイスや支援を通して、密に触れ合うことが求められます。そして、人事考課制度がなくても、日頃から簡単

な面接や年に2回程度の正式な面接を取り入れて、仕事について両者が率直に語り合う場を設けることが大事になってくると思います。それが風通しの良い職場のコミュニケーションにつながると思えるからです。肩肘張らずに部下スタッフと仕事についてや職場がどうあるべきかなどについてなど気軽に話し合っていただきたいと思います。

(2) 現場の作業管理はだれの仕事か?

現場リーダーの人事労務管理の2つ目が作業管理ですが、これは、時間研究・動作研究、職務再設計などを通して、自分たちの仕事の「ムリ・ムダ・ムラ」を取っていくことでスタッフを働きやすくして、現場の生産性を上げていくのが目的です。

この作業管理は、現場のリーダーの重要な役目です。これは経営層ではできません。なぜなら、現場の仕事は現場が一番よくわかっているからです。いや、一番わかっていなくてはいけないからです。よく現場のリーダーやスタッフが経営層に向かって「マニュアルを作って欲しい」と訴えているのを聞くことがありますが、これもよく考えるとおかしな話です。自分たちが仕事で使うマニュアルをなぜ経営層が作らなければならないのでしょうか。自分たちが日々行っている利用者サービスは自分たちが一番熟知していなければならないものです。そうであれば、なぜ自分たちで作ろうとしないのでしょうか。

経営者には経営者の作業管理があります。それは総務であったり、人事であったり、財務であったりするわけです。

福祉・介護事業所は、現場の利用者サービスだけで完結するものではありません。経営層は、職員採用や給与制度などの人事の仕事があります。施設・事業所と役所などの外部機関との対外的な窓口であったり、施設・事業所の事務処理を行う総務の仕事があります。また、現場が行った利用者サービスをお金に換える、つまり料金の請求などの財務の仕事があります。こうした仕事にも「ムリ・ムダ・ムラ」が至るところに潜んでいます。経営層はそうした分野の作業管理に忙しいのです。

したがって、現場の利用者サービスの作業管理は、現場のリーダーが行うしかないのです。自分たちは利用者のお世話をするだけ、それに関わる前工程、後工程は自分たちの仕事ではないと決め付けているような現場を見かけますが、これは違うのではないでしょうか。

私が以前勤務していた特養でのことですが、洗面所の手洗い石鹸《せっけん》が切れたので事務所に「補充してくれ」と内線電話をして後は知らん顔というようなことがありました。本来は、自分の職場、テリトリーで発生した不具合は、自分のところで始末するというのが仕事というものです。

こうしたことに不思議を感じないと、利用者サービスの前工程、後工程で発生する仕事は自分たちの仕事ではないということに発展していきます。

極端な言い方をすれば、利用者と関わっている瞬間だけが自分たちの仕事ということにもなりかねません。

利用者サービスに使ったバケツの水をだれが捨てるのか決めてください、というようなことまで現場と総務で話し合っているような場面に出くわすことがあって、あっけに取られてしまいます。バケツの水は使った人が捨てるのです。利用者と関わっている瞬間でなくてもその後工程までもが現場の仕事なのではないでしょうか。

(3) 同時に2つのことをやるようにする

次に時間管理を見ていきましょう。時間をムダにしないようにするためにはどうすればよいか。1日24時間決まった時間しかない。この時間をどうやって有効に使っていこうか。できるだけ同時に2つのことをやるようにする。これは大事な視点です。

私はたばこを吸いにいくときは、必ず資料を持っていきます。タバコを吸うこと自体が時間のムダだと言われてしまえばそれまでですが、タバコを吸いながら5分で目を通してデスクに帰ってきたらすぐに必要な修正を加えます。

手を使う仕事のときは、頭を使う仕事を同時にやってみる。こうした訓練が時間を有効に使う意識の醸成に役立つと思います。

また、現場では人を集めて人の時間を同時に使う場面も多くあります。スタッフを5人集めて2時間会議をすれば10時間使うことになります。10時間に見合った結論が導き出せるか。会議を開く前にリーダーはその時間がはたしてどうすれば有効に使われることになるのか、真剣に考え、準備を怠らないようにしないと、その10時間がまったくムダな時間となってしまいます。そうして現場はいつまで経っても、「忙しい、人が足りない」が常識になっていきます。

（4）トヨタの業務改善

次に動作研究を通して現場の「ムリ・ムダ・ムラ」を取っていくということもリーダーの重要な役目です。

トヨタ自動車の職長、いわゆる現場リーダーは、定期的に何を課せられているか。『トヨタの口ぐせ』（OJTソリューションズ著、中経出版）によると、職長は、定期的に半径50㎝の円を書いて、そこに30分程度立って、動かずに現場スタッフの働き方を観察するように言われるそうです。そして30分経ったら上司が改善策を聞きに来るそうです。そこで「何もありません。スタッフは一生懸命頑張っています」というような報告をする職長には、思いっきりの罵声が飛んでくるそうです。「お前は何を見て仕事をしているんだ」と。

一方、「あの棚が今のようにあの位置にあると毎回スタッフが腰を下ろして工具を取っています。その零点何秒の時間が1日数十回あると考えますと非常にムダです。また、スタッフの腰痛の原因にもなりかねません。あの棚をもう少し高い位置に設置したらどうでしょうか」という改善提案をした職長は、正反対にとても褒められるそうです。現場の仕事の問題は現場のリーダーが改善するしかないのです。

(5) 今、現在行っている業務スケジュールははたして最適か

次に職務再設計です。

日々の業務スケジュールは、いつの間にかでき上がってしまったものです。日々、何の疑問も感じず、毎日同じことが繰り返されています。しかし、ここに大きな「ムリ・ムダ・ムラ」が潜んでいます。

前にも書きましたが、だれかが過去に取り入れた仕事が、いつまでもそのままになって業務スケジュールの中に組み込まれていたりします。よく考えればもう必要なくなったものかもしれません。こうしたことを見直すのが職務再設計です。

また、どこかに手書きしたものをわざわざパソコンに入力し直したりしています。本来は

パソコンにじかに入力してパソコンの画面で確認するか、パソコンのデータを印刷して仕事に使うというのが正しい業務のあり方のはずですが、「パソコンに入れろ」と言われているから入れているだけで、実際には手書きしたメモだけが仕事に使われていたりします。

こうしたことはムダ以外の何物でもありません。二重の仕事というのが一番馬鹿らしいのです。こうしたことの改善もまた、リーダーの仕事なのです。

しかし、はじめから最後までリーダーが直接手を下さなくてはならないわけではないのです。そこで役割分担という考えが必要になってきます。これはあの人にやってもらおう、これは別の彼にやってもらおうと役割を任せるのです。

リーダーは全体の設計図を書くのです。全体の設計図も書かずに丸投げしてはいけません。必要に応じて「これをこうすればうまくいくからこのようにして」と具体的なやり方まで落とした上でスタッフに振るのです。そういうところまで詰めるのがリーダーの役目です。これを丸投げしかできないようでは人の上に立っている資格も意味もありません。

(6) 勤務表作成に魂を入れる

労働時間管理とは、変形労働時間制などの勤務管理や公休、有休などの休暇のシステムを構築することなどを指します。

こうしたことは、就業規則であらかじめ決められていますのでリーダーとしては、それに合わせて現場を回していくということになると思います。

この労働時間管理では、毎月の勤務表作成がリーダーの重要な役割になるでしょう。ここでとても重要なことは、勤務表の出来不出来は、スタッフに対する公平・公正な処遇に大きな影響を与えるものであるということです。

「いつもあの人ばかりが自分が休みたい日に公休が取れている。それなのに私の希望公休はなかなか聞き入れてくれない」といったことが多いと、職場の人間関係が悪くなっていきます。介護労働安定センターの調査でも、正規職員の辞めた理由の2番目に多かったのが人間関係でしたが、勤務表の不公平さが人間関係悪化の理由として、辞めて行く要因の1つであることを認識しておいて欲しいと思います。

ある福祉施設では、公平・公正な勤務表作成のためのマニュアルがあって、そうした要件が満たされているかどうかをダブルチェックするようにしています。1人の人間が作った勤務表をだれも点検しないと、現場リーダーによってまちまちな勤務表が作られてしまう恐れがあるからです。

その施設の勤務表作成のポイントをいくつかあげてみますと、①希望公休は全員公平に月2日まで。②どうしても仕方ない理由として希望公休を3日以上取った月が出た場合、翌月以降で希望公休を取れる回数を制限（調整）する。③曜日による勤務人数のバラツキを抑えて、毎日均等に配置する。④新人ばかりや経験年数の短いスタッフばかりの日がないように注意する。⑤逆にベテランばかり、経験が長い人間ばかりの日がないように注意する。⑥仲の良いスタッフ同士が固まらないようにする。

こうしたことに留意することで休みの希望が公平になるようにしたり、新人ばかりでその日1日が大変な勤務にならないようにしたり、逆にベテランばかりで楽をしないようにしたり、さらには仲の良い同士でその日1日が甘い雰囲気にならないように気を付けさせています。

勤務表については、現場職員の方からこんな話を聞いたことがあります。「私のような勤続が短い職員は、他のベテラン職員に気を遣って、希望の休みなど取れたことはありません。なぜなら、毎月の勤務表が作成されるとき、まずホワイトボードに勤務表が貼られてリーダーから自分の希望の休みを入れるようにとの指示があります。自分たちはまだ入ったばっかりで経験も短いので他のスタッフに遠慮して、勤続が長い他の職員が書き終わるまで待って、最後に記入するようにしていますが、そうすると自分が休みたい日はすでに他の人の休みで埋まっていて、結局、休みたい日に印をつけることができません。そのようにして毎月の勤務表ができ上がってしまいます。ですから私たちは、自分が休みたい日に公休を取れたためしがありません」

勤務表作成を現場のスタッフ任せにするようなこうしたリーダーがいる現場では、公平・公正な職場風土は作れないのです。リーダーはスタッフのやる気を左右する勤務表作成に魂を入れて欲しいと思います。

(7) スタッフに給与明細の見方を教える

基本給の決定や各種手当の決定、さらには退職金などの賃金制度に関する管理が賃金管理ですが、これもあらかじめ就業規則・給与規程で決められています。

これもリーダー層の仕事ではなく、経営者層の役目ですが、現場のリーダーは給与明細の見方程度は理解しておいて、必要に応じてスタッフにその見方を説明できるようにしておいて欲しいと思います。

社会保険料の意味や、法人・事業所がスタッフの給与で天引きされている社会保険料と同額を負担して国に納めているから、日頃、病気になっても3割負担で病院にかかれたり、将来厚生年金がもらえるようになることなどを教えてあげることも大事だと思います。それがなかったら10割全額負担しないといけなくなるんだということを伝えたり、手取りの額だけが自分たちに支払われている給料ではないことを理解してもらい、事業所に対する感謝や帰属意識を植え付けて欲しいものです。

（8）教育訓練についての一考

教育訓練は、職場内研修、職場外研修、ＯＪＴ、ジョブ・ローテーション、資格取得勧奨等の自己啓発を推進して、労働力の質を向上させることが目的です。職員の質がサービスの質に直結する福祉・介護事業においては、ことのほか重要なものです。教育訓練制度のシステム構築、体系化は、リーダーの役割ではなく経営者層の役割になります。

「うちの事業所は、職場外研修によく出しているので、それで安心している」という事業所を見かけます。しかし、自分たちの大事なスタッフを職場外研修だけに任せておいて本当に大丈夫なのでしょうか。採用のところでも書きましたが、商品である人にあまりにもお金も時間もかけないということがここでも見ることができます。

■行政や業界団体主催の専門職研修だけに頼る危うさ

大方の福祉・介護事業所では、職場外研修は基本的に、知識技術に終始した専門職研修がほとんどです。そこには、事業所の方針や目標、組織に対する帰属意識や指揮命令等のマインド研修（考え方を合わせる研修）は、当然ながら含まれません。そうした事業所に対する理解や帰属感を植え付ける研修をいっさいしないで、行政や業界団体が主催する専門職研修だけに送り出しているとどういうことになるか。特に経営層のみなさんには、考慮していただきたいと思います。

ケアマネジャーなどは、介護保険制度の要請で介護支援専門員更新研修や主任介護支援専門員養成研修など多くの行政主催の研修を受けています。そしてそこでは、事業所の方針や目標とまったく相反するようなことを聞いて帰ってきたりします。

それは研修の内容が悪いのではなく、その研修の目的が違うというだけなのですが、職場外研修は、国や県が主催する場合、その行政施策を現場の専門職に浸透させるために行うわけですので、必ずしも法人経営、事業経営とは整合しないケースも少なくありません。

そうした研修を受けてきた職員が、法人の運営会議などで法人の方針とはまったく逆なことを言いだしたりします。昨日聞いてきた研修で偉い先生が言っていましたという権威づけをしながら、法人の方針とはまったく逆の意見を得意そうに話したりします。

たとえば介護は「食事・排せつ・入浴」という三大ケアが一番大事で、介護施設もそこを充実させるべきだというようなことを聞いてきたと言って、余暇の充実を唱えている理事長と真っ向から対立したりします。

また、同じくケアマネジャーの場合ですが、行政主催の研修で、ケアマネジャーは「中立・

独立」の存在だと聞いてきて、たとえ法人から給料をもらっていたとしても法人の利害に与するようなことには協力できません、というようなことを真剣に訴えたりします。

経営者層は、こうした職場外研修オンリーで職員を育成していると専門職の帰属感や組織に属しているという一体感は決して生まれてこないことを認識する必要があるのではないでしょうか。また、同じく現場のリーダーにも職場外研修にはこうした「落とし穴」があることを知っておいて欲しいと思います。

■ＯＪＴは作業の指示をすることではない

ここでまたリーダーの役割に戻りますが、現場の教育訓練におけるリーダーの重要な役割は、新人や自分の現場のスタッフのＯＪＴではないかと思います。

ＯＪＴの意味はご存じだと思いますが、これはオン・ザ・ジョブ・トレーニングの略で、仕事を通してスタッフを育成するということです。リーダーや教育担当者が職員スタッフに対して、実際の仕事を通して仕事についての考え方や仕事のやり方を教えるというものです。

以前にも書いたと思いますが、ＯＪＴとしては、「ああして、こうして」というような単なる作業の指示だけでは不十分です。人に仕事を教えるときは、その仕事の意味するところ、目的、何のためにその仕事があるのか、だれのためにやるのか、注意する点はどのようなことがあるかなど、仕事の背景・目的・アウトプットイメージ（どうなればその仕事が完了したと言えるか）などを伝えた上で、リーダーがまずやって見せて、その上で実際やらせてみるという順番で教えることが効果的だといわれています。

単なる作業手順の指示だけでは、スタッフはその仕事の意味や目的がわかりませんので、こちらが意図したこととは違うでき映えになってしまう可能性があります。前述のように、旧日本海軍の山本五十六氏は「やってみせ、言って聞かせて、させてみて、ほめてやらねば人は動かじ」との至言を残しています。リーダーや教育担当者は、人に何かを教えるときは、いつもこの山本五十六氏の言葉を思い返してみることが大事だと思います。

そうした順番でリーダーや教育担当者がＯＪＴを継続していけば、それが職場の風土に定着し、多くの人が安心して仕事に取り組むことができるようになり、結果、人は徐々に育っていくのではないでしょうか。

■ＯＪＴを行う場面と方法、タイミングなど

ここでは、どのような場面でＯＪＴを実施すればよいか。その場面や方法について考えてみたいと思います。

① **職員スタッフがリーダーであるあなたのところに報告に来たとき。その報告の仕方、**

態度、身なり

② 申し送りやカンファレンス、会議、委員会、ミーティング等での発言の有無や発言の内容、態度、身なり

③ 利用者やそのご家族に対応しているときの態度、身なり、言葉遣い

④ ケース記録、報告書等が提出されてきたとき、その内容や文章のでき映え

⑤ 他の職員スタッフからそのスタッフに対して苦情や問題等の指摘があったとき、本人に直接確認をするようなとき

このような場面を捉えて、リーダーは積極的にスタッフに言葉を掛けて欲しいと思います。その場で注意することがはばかられるような場面では、終わった後でちょっと呼んで話すようにしてみることも必要かもしれません。できるだけ時間を置かずに話してあげてください。ただし、指摘や注意や叱責ばかりでは、スタッフのやる気は損なわれていきます。まず、肯定することを心がけてみてください。肯定してできていることを褒めておいて、それから指摘すべきことを指摘するようにした方がよいと思います。

以前は、「人はたたかれて伸びる」、「俺の背中を見て覚えろ」という指導方法も多かったわけですが、最近は「褒めて育てる」というのが主流のようですし、人間、肯定してくれる、自分のことをわかってくれていると思える人に指摘されると受け止め方がずっと前向きにな

ります。

これが、口を開けば、小言だったり、自分が一生懸命やっていることに対して何も褒めないのに、指摘ばかりするような上司では、部下の心はどんどん離れていきます。そしてできるだけ小言を言われないように、意識的に避けるようになっていきます。

また、2年も3年も前に一度あったことを毎回引き合いに出して、それをネタに小言や注意をすることも絶対に避けなくてはいけません。過去のことを引きずる上司には、部下は反発しか覚えません。

PART 6

事業所の経営成果に責任を持つ

1 赤字になったら経営は続かない

ＰＡＲＴ４で「経営の３者満足」という話をしましたが、ここであらためて経営の３者満足の仕組みについて振り返ってみたいと思います。

経営には「従業員満足」と「利用者満足」と「経営満足」の３つがあるということでした。

(1) リーダーの意識、考え方によって成果が違ってくる

まずはじめに、事業所として従業員が満足できる職場環境であることが何より大事で、その従業員満足が源泉となって利用者に対するより良いサービスが提供され、そして利用者満足が満たされれば利用者も増えていき、その結果、売り上げも伸びて経営が安定する。つまり、経営満足が達成されるというメカニズムであるということをリーダーのみなさんには、まず押さえておいて欲しいと思います。

つまり従業員満足と利用者満足と経営満足は「原因・プロセス・結果」の関係なのです。

このように考えますと、現場リーダーの立ち位置、意識、考え方や働き方が経営に直結することがおわかりになると思います。

リーダーが、働きやすい職場形成を心がけ、みんなが一体感を持って仕事に当たれば利用者も安心してサービスを受けられる。

利用者が満足すればまた来てくれる。この事業所は安心してサービスを受けられるので他の施設や事業所には行きませんというようになります。そして利用者の利用回数が増えれば増えるほど施設や事業所の収入は増えていきます。

福祉・介護事業所の経営も他の一般企業の経営とまったく同じです。単価×数量で売り上げが決まります。

福祉・介護の事業は平成12年まで長らく国の税金や補助金で運営されてきました。そうした時代は、たとえば30名定員のデイサービスであれば、利用者がいようといまいと30名分の収入が入ってきていました。ですから利用者をたくさん受け入れるという考えや風土はありませんでした。そうした考え方や文化は必要なかったわけです。

(2) 売り上げは、利用者のサービス単価×利用者数

ところが、国の社会福祉基礎構造改革で福祉・介護業界にも単価×数量という仕組みが取

り入れられました。これが介護保険であり、障害者の支援費制度の本質です。

今では、児童養護施設や救護施設といった一部の例外を除いて、福祉・介護の施設や事業所の売り上げは、利用者のサービス単価×利用者数で決まります。他の要素はいっさいありません。

たとえば、保育所の場合、園児さん1人当たりの1日の保育単価は、市町村によっても違いますが、だいたい平均して5000円弱です。1人1日5000円で年間何名の園児さんが通ってくるかで保育所の収入は決定します。

また、通所介護つまりデイサービスの1人1日当たりの介護報酬単価は、7時間以上9時間未満のサービス提供時間で平均1万1000円~1万3500円程度（地域区分によって違い、東京23区の大都市圏が一番高い）です。この利用者1人1日当たりの介護報酬単価×年間の利用者延べ人数がデイサービスの年間の売り上げになります。

つまり、デイサービスのスタッフが利用者さんに「また来てくださいね」という言葉掛けを100回繰り返すと1万1000円×100回＝110万円で、110万円の収入になるわけです。現場での利用者サービスの積み上げが売り上げを決めます。

現場スタッフのサービス提供量が経営に直結するのです。

事業所の売り上げは、経営者がコントロールできるものではありません。現場を預かるリーダーの考え方や現在の業界の経営環境の捉え方次第で、事業所の売り上げは違ってきてしまうことを認識しておいて欲しいと思います。

職員スタッフの人数の割に利用者の人数が少なければ赤字になります。赤字になると事業所は継続できなくなります。今までの利益があればその利益で赤字を補てんすることもできますが、過去の利益が貯まっていなかったら、銀行からお金を借りて赤字を補てんするか、それができなければ倒産するしかない、という結果になってしまいます。

実際、デイサービスは現在、過当競争状態ですが、職員スタッフの人数が多い割には利用者が少ないデイサービスが次から次へと倒産しています。

2

仕事の成果を数値で判断する

他業界と比べて、福祉・介護業界では数字で仕事の成果を評価するということが少ないようです。

利用者サービスの質の向上というミッションはありますが、どのような指標がどういう数字になれば利用者サービスの質が上がったといえるのか、その指標も数値も明確化されていないのが現状ではないでしょうか。

医療の世界では医療サービスの指標もそれを評価する数値もかなり整備されているようです。たとえば、痛みのレベルは5段階に分かれていて、一番痛いのがプラス5、何も痛くないのがプラス1という数値指標になっていて、プラス5がプラス4になれば、その患者さんの痛みのコントロールがうまくいったというふうに評価すると、ある看護師さんから聞いたことがあります。

ところが福祉・介護業界には、そうしたサービス指標やそれを評価する数値をあまり聞いたことがありません。福祉・介護業界でもそろそろ仕事やサービスの成果を数値で評価することが必要になってきているのではないでしょうか。

私は、福祉・介護の利用者サービスの専門家ではありませんのでこれについて論ずる知識は持っていませんが、ここでは、福祉・介護施設・事業所の経営という観点から経営成果を測る、あるいは経営改善に活用できる指標と数値について見ていきたいと思います。

これからの福祉・介護の現場のリーダーのみなさんには、数字で経営成果を評価する、数字で仕事を判断するというスキルや考え方を身につけていただきたいと思います。

(1) 事業所の収入を決定する指標

■利用者1人1日当たりのサービス単価を頭に入れて仕事をする

先に、事業所の売り上げ(収入)を決定する要素は「単価×数量」だと言いました。

今、みなさんが所属している事業所や施設の利用者1人1日当たりの単価をまず知っておいて欲しいと思います。

福祉・介護サービスの単価は公定価格です。国が決定します。事業所が勝手に価格を設定することができません。ここが他の業界との大きな違いです。

「経営は値付けが大事」とよく言われますが、ユニクロの商品も1つの商品の値付けを間違えると数十億円の損失になるといわれています。高すぎると客が買わないので数量が伸びずに売り上げが伸びない、安すぎるとコスト割れして利益につながらない。こうしたことになるので経営者が値付けを間違えると一挙に数十億円の損失につながるというわけです。

一方、われわれの業界はそうした値付けができません。職員をいくら厚く、多めに配置したとしても価格には転嫁できないのです。

福祉・介護の事業では、国がそれぞれのサービスによって職員配置基準というものを決めています。その職員配置基準だからこの価格、というふうに国が価格（単価）を決めているわけです。

特養の場合、いわゆる多床室（2人部屋以上）の利用者1人1日当たりの介護報酬単価は約1万円です。1日3食の食事と3時のおやつを提供して、入浴がだいたい週2回程度、オムツをしている利用者の場合、1日8回前後のオムツ交換、そして1日数回の居室訪問をしてこの金額です。100名定員の特養で、100名いれば1日当たり100万円の収入ということになります。

デイサービスも基本的に同じ積算方法です。

7時間以上9時間未満のサービス提供で約1万1000円～1万3500円という話をしましたが、往きと帰りの送迎と昼食1回とおやつの提供、そして入浴してもらって日中レクリエーションを楽しんでもらい、この金額です。

ここで少し不思議に思えるのが、特養の場合、24時間の介護と3食の食事提供で1万円なのに対して、デイサービスは、7時間強の介護と昼食1回のサービス提供で1万1000円以上ということです。みなさんは不思議に思われませんか。

過去、多床室の特養の場合、施設建設時に75％の補助金が出ていました。100名定員の特養を建設する場合、約10億円かかりますが、7億5000万円の補助金が国と県（あるいは都）から出ていたわけです。こうした国の初期投資費用を見積もって介護報酬単価が設定されているため、デイサービスよりコストがかかるはずの特養の方が、デイサービスより報酬単価が安く設定されています。したがって、収益性で考えた場合、デイサービスの方が収益性が高いわけです。そうしたことも手伝ってデイサービスが次から次へとできています。

いずれにしても現場のリーダーとしては、この利用者1人1日当たりの単価を知って日々の仕事を組み立てるのと、そのようなことは知らずに日々の仕事をするのでは、まったく違う働き方になるのではないでしょうか。

■1日の利用者数が多いほど

前項では単価について見てきましたが、今度は数量です。

1日当たりの利用者数が多ければ多いほど、事業所の収入は増えます。価格は公定価格ですので、同じ種別の事業所であればどこも一緒です。事業所の収入の多寡を決めるのは、ひとえにこの利用者数にかかっています。

現場が利用者を1人でも多く受け入れるか受け入れないかで、施設・事業所の収入が増えたり減ったりします。リーダーはこのことをよく理解しておく必要があると思いますが、みなさんはどう思われますか。

残念ながら、こうした意識を持っている現場リーダーは、今のところ少数派ではないでしょうか。私が目にする現場のリーダーは、今いる利用者さんだけに目が行きがちで新しい利用者を受け入れることに積極的ではないように感じます。

「これ以上利用者を増やせば今の利用者さんにしわ寄せが行き、サービスが低下します」、「利用者をどんどん増やしていくと現場の目が行き届かなくなって事故が起きますよ」、「利用者を増やすことで、職員の負担が増して職員が辞めて行きますよ」というような言葉をリーダー自らが発するケースが多いのが実態のような気がします。

実際、現場が利用者の受け入れ数をコントロールしている実態があるのではないでしょうか。経営層もこれを黙認しているようなところがあります。はたしてだれがコントロールすべきでしょうか。

また、特養や老健といった入所施設の場合、利用者数の多寡に大きな影響を与えるのが入院者の数です。

施設に事故予防・事故防止のリスクマネジメント体制が整備され、それが施設全体に浸透していないと、利用者の骨折や体調不良による受診が増え、結果、病院への入院となり、それが施設の減収の大きな要因となります。

そもそも、利用者サービスの質と入院者の多さとは反比例するものではないでしょうか。利用者の笑顔のためには、まずは安全安心な環境が大事だと思います。職員の不注意による骨折が繰り返される、看護師をはじめ職員スタッフが、自分たちが安心するために利用者の安易な病院受診が繰り返され、それが入院につながっているようなケースも散見されます。

私は福祉・介護事業所の管理職研修をいろいろな法人、事業所でやらせていただいていますが、その中で受講者自らが自分の事業所の決算書を分析するカリキュラムを実施することがあります（190〜191ページの図表6－1参照）。

そして、そのカリキュラム終了後に受講者のみなさんにアンケートを記入してもらっています。そうすると、そのアンケートでは、「日々のケアが事業所の決算を決めるのだと非常に感じました」というご意見や「現在、特養で勤務しており、入居者の入院が稼働率を下げ、その結果、収入を下げていることを再度学ぶことができた。看護師のみでなく、職員も安心

デイサービス	ホームヘルプサービス	訪問入浴サービス	居宅介護支援事業
85%以上	−	−	−
4.3人以内	2.5人以内	2.8人以内	−
8,900円前後	−	−	−
11,000～13,500円	−	−	−
	3,000～3,600円	12,500円	10,000～13,000円
55%未満	85%未満	85%未満	75%未満
10%以内	0%	0%	0%
3%前後	0%	0%	0%
0～1%	0%	0%	0%
−	−	−	−
2%以内	2%以内	2%以内	2%以内
65%以内	85%以内	85%以内	78%以内

■図表6-1 健全経営としての各経営指標適正数値（主要介護保険事業）

経営指標		特別養護老人ホーム（多床室）	個室・ユニット型特別養護老人ホーム
機能性	1日当たり利用率	98%以上	98%以上
	利用者10人当たり職員数	5.5人以内	7.5人以内
	利用者1人1日当たり事業収入（5－7時間未満）	―	―
	利用者1人1日当たり事業収入（7－9時間未満）	―	―
	利用者1人1日当たり事業収入	10,000円強	13,000円強
合理性	人件費率	60%未満	65%未満
	材料費率	15%以内	15%以内
	減価償却費率	3%前後	10%前後
	委託費率	0～1%	0～1%
	委託費率（給食外部委託の場合）	8.5%以内	8.5%以内
	経費率	5.5%以内	5.5%以内
生産性	労働分配率	80%以内	80%以内

注）1．人件費率の適正値（55%～65%未満）とは、委託費率が1%以内に抑えられていることが前提である
2．材料費率とは、給食材料費、光熱水費、オムツ等の保健衛生消耗品のことである

のため、入院した方がよいと思う人が多数いる。今後は、看護師、職員共に意識を変えていかなければと感じた」というご意見を寄せてくださいます。私は、これからの現場のリーダーには、こうした意識をぜひ持っていただきたいと思います。

(2) 事業所の生産性を決定する指標

■利用者10人当たり職員数を押さえておく

先に福祉・介護の事業では、国がそれぞれのサービスによって職員配置基準を決めているといいましたが、利用者数に対する職員数の比率が生産性を決める決定的な要因です。

ここでは、利用者10人に対して職員が何名配置されているか、その指標について見ていきたいと思います。

私の経験値では、多床室の特養の場合、利用者10人に対して5・5人以内が生産性を考えた場合の適正値だと考えています。これは現場のスタッフだけでなく、施設長をはじめとした経営管理、間接部門の職員も全員含めた人数です。つまり、施設・事業所で雇用しているすべての職員数です。

最近は、給食業務を外部委託しているケースも増えてきましたが、この5・5人という人数は、その調理スタッフも入れた人数です。したがって、外部委託している施設では、業者の調理スタッフの人数も加えて換算する必要があります。

平成25年12月、厚生労働省は平成25年度介護事業経営概況調査を公表しましたが、特養の収支差率（利益率）は全国平均で7・5％という調査結果でした（194～195ページの図表6－2）。

5・5人という職員配置数ですが、全国平均程度の収支差率（利益率）を出す上で遵守すべき職員配置数です。それ以上、職員配置数が増えると収支差率（利益率）が下がっていき、この指標が8人を超えるとほぼ赤字になります。赤字ということは、利用者数の割に職員が多すぎる、ということです

特養などの福祉・介護事業所で働くスタッフの給与の相場は、だいたい決まっています。東京に比べれば、たしかに地方は低い傾向ではありますが、同じ地域では給与の相場はさほど変わりません。そうすると、生産性を決定するのは、利用者数に対する職員配置の厚さ薄さ次第ということになります。

薄さといっても基準を割るわけではありません。国基準を上回った上で、できるだけ少ない職員配置数ということで、それが5・5人くらいが適切だということです。国の職員配置基準を満たした上で現場のサービスに支障を来さない、なおかつ経営的にも継続できる職員配置数が、多床室の特養の場合、5・5人以内という職員配置数なのです。

利用者1人当たり支出（1日当たり）	収入に対する給与費の割合	収支差率	平成22年度収支差率	赤字施設の割合
10,705円	59.5%	7.5%	12.0%	20.5%
12,036円	60.0%	4.9%	－	34.5%
12,129円	55.3%	6.7%	7.8%	32.0%
14,246円	54.7%	8.4%	11.4%	19.0%
11,171円	60.2%	8.1%	14.7%	21.0%
3,615円	77.5%	3.6%	3.2%	46.5%
12,345円	68.4%	1.8%	7.5%	47.5%
8,053円	81.9%	1.7%	6.0%	41.5%
8,437円	61.8%	8.6%	13.0%	34.5%
11,538円	67.3%	7.3%	1.7%	36.6%
9,774円	61.4%	4.3%	2.8%	40.5%
12,517円	63.9%	3.8%	7.2%	29.0%
15,236円	86.9%	−3.1%	−4.0%	60.5%
173,722円	66.5%	6.0%	6.5%	37.0%
12,501円	41.6%	10.4%	11.3%	37.5%

■図表6-2 平成25年度介護事業経営概況調査結果（厚生労働省）

	集計施設数	利用者１人当たり収入（１日当たり）
介護老人福祉施設	938	11,577円
地域密着型介護老人福祉施設	157	12,653円
介護老人保健施設	720	13,007円
介護療養型医療施設	78	15,559円
認知症対応型共同生活介護	521	12,151円
訪問介護	584	3,751円
訪問入浴介護	231	12,571円
訪問看護	124	8,195円
通所介護	837	9,232円
認知症対応型通所介護	174	12,446円
通所リハビリテーション	281	10,215円
短期入所生活介護	145	13,013円
居宅介護支援	1,251	14,776円
小規模多機能型居宅介護	214	184,868円
特定施設入居者生活介護	96	13,946円

現場からの「忙しい、忙しい。人が足りない」という意見に押されて職員をどんどん入れていくと生産性が低下し、赤字になっていきます。現場のリーダーには、このメカニズムを理解しておいて欲しいのです。

先ほどのアンケートの話に戻りますが、これについても現場の介護職員の方から「自分たちの特養の人員が多いことを知り、他の施設では少ない人数でもう少し多くの利用者を介護しているということで、私たちは『人がいない、いない』と言いながら仕事していることに対して恥ずかしさを感じました」というような真摯な感想を寄せてくださいます。

現場の仕事の「ムリ・ムダ・ムラ」に何も手を付けず、「人が足りない、人が足りない」と言うことは、現場リーダーとして何も役割を果たしていないことだと捉えていただきたいと思います。

(3) 事業所の従業員満足度を評価する指標

■離職率の危険水域

前にも書きましたが、介護労働安定センターの直近の調査では、介護職員の離職率の全国平均が17%ということでした。

離職率とは、現在いる職員の数を分母として、年間に離職した職員数を分子にして算出した比率です。この離職率の良好な数値がどのくらいかというと、他の業界も参考にして考えると10％未満ではないかと思います。これに当てはめて考えますと、仮に職員スタッフが１００人いる事業所の場合、年間に辞めていくスタッフの数が10名未満ということになります。

最近、ブラック企業という言葉をよく耳にしますが、ＩＴ業界、飲食業界、それに介護業界に多いという話です。

ブラック企業とは、教育もしないで従業員を消耗品のように使い減らす結果、離職率が非常に高く、また、３年以内の退職率も80％以上という、いくつかの定義があるようですが、いずれにしても過酷な労働条件で働かされているということのようです。

こうしたブラック企業と目されている大手居酒屋チェーン店の社員が過労自殺と認定され、遺族が会社を相手取って訴訟を起こしているケースもあります。過労死かどうかの判定基準の１つとして、月80時間以内までの残業は過労死と認定されないようですが、その80時間をはるかに超える残業や休日出勤を強いる組織的な仕組みがあったということで裁判の行方が注目されています。

私が知る介護事業所には、こうした悪質なケースは皆無ですが、いずれにしても30％以上の離職が毎年繰り返されるといった場合、事業所の労務管理や職場環境に大きな問題が潜んでいると考えた方がよいでしょう。

みなさんが預かる現場の離職率を意識して見ていただきたいと思います。10％未満が良好で30％以上の場合、何かしらの問題があると考えて、職場環境の改善について経営層と一緒になって検討していただきたいと思います。

PART 7

リーダーは 現場で起きる問題から 逃げてはいけない

1 福祉・介護の現場で起こるさまざまなトラブル

みなさんは、デイサービスなどの管理者や福祉施設のフロア主任、あるいは特養の課長、または保育所の主任保育士という立場の方たちだと思います。一般企業でいうなら、いわゆる中間管理職です。

そして、みなさんが預かる部署には、数名から十数名のスタッフがいることでしょう。また、そこを利用する利用者やそのご家族もいらっしゃることでしょう。

現場のリーダーのみなさんには、こうした人たちに対する責任があります。預かったその部署で発生する問題は、基本的にはリーダーの責任範囲です。そこで発生する問題やトラブルから逃げてはいけません。

(1) 利用者の事故

福祉・介護の現場では、常に利用者のけがや病気と隣り合わせです。高齢者や障害者に対する介護サービスや、園児に対する保育サービスでは、けがや事故は避けられないものだと思います。

自分で自分を守ることができない利用者を、安全・安心な環境に配慮して、けがなどの事故から護《まも》ることがみなさんの生業です。

しかし、介護施設などでは、スタッフの介護過誤による骨折や利用者が居室でだれもいないときに転倒し、けがをするといったことが繰り返し起きています。このような利用者の事故に対してリーダーは何をしなければいけないか。ここで少し考えてみたいと思います。

介護事業所では、介護保険法の要請から事故を行政に報告することが義務付けられていますので、事故が起きた場合、それは報告書に記入され、きちんとファイルされています。しかし、多くの事業所では、この事故報告書は書かれるだけで再発防止の役割を果たしていません。それはなぜなのか。

専門職集団の組織は、指揮命令系統と責任の所在が明確でない、という傾向があります。利用者の事故をそうした組織のシステムの欠陥と考えず、スタッフ個人の責任としてしまうような風土では、事故を最初に発見したスタッフ個人の始末書的な事故報告書になりがちで、その結果、事業所全体の問題として認識されないようなことになってしまいます。そうすると、また次に同じような事故が発生した場合、今度は別のスタッフがそれを発見し、同じような始末書的な事故報告書が書かれ、それが繰り返されます。

たとえば、利用者が自分の居室で転倒して骨折したというようなケースの場合、最初に駆け付けたスタッフが「次から気を付けます。今後、見守りを強化します」というような個人の反省文のような事故報告書を書いても、リーダーがその事故をシステムの欠陥や現場全体の問題として捉えないと、また同じことが繰り返されるということです。

そのような意味のない事故報告書を、リーダーがハンコだけ押して上に回すということが繰り返されると情報も共有されず、現場全体に再発防止に努めるという意識も醸成されません。実際、その事故を知っている人間はその施設・事業所の一部の人間に限られていたりします。

リーダーは、自分が預かる現場で発生する問題に責任を負うという話をしました。

この場合のリーダーの役割責任とはどのようなことでしょうか。

まず、自分の現場で発生した事故をスタッフ個人の責任で終わらせないという意識を持つことが大事だと思います。リーダーはその事故を個人の責任で終わらせるのではなく、しっかりと検証する責任があります。「次から気を付けてね」で終わりにしないで、「なぜそのような事故が起きてしまったのか」、「再発防止につなげるにはどのような対策を打つ必要があるのか」を客観的事実を積み上げて検証するという作業が大事になってきます。

現場では、職員の専門性を高めるとかマニュアルを整備するとか、利用者のサービス向上ということが繰り返し叫ばれますが、こうした足元の事故防止対策がしっかりされないような組織風土で、職員の専門性うんぬんの話は、少し違うのではないでしょうか。

たしかに個人の専門性の問題もあるかもしれません。しかし、その前にリーダーは、自分の現場で起きた問題から逃げてはいけないのです。自分の現場で発生した事故は、システムの欠陥、事業所全体の問題として検証する、そして対策を講じることがリーダーの役割だと思います。

そのためには、介護事故に対する豊富な知識も必要でしょう。検証するための手法も身につけていなければいけないでしょう。家に帰ってからそうしたことを勉強するという自己啓発も必要だと思います。

そうしたプロとして自分の仕事を捉えるか、それとも「利用者がだれもいないところで転倒して骨折したのだからそれは仕方がない」とか、「自分も夜勤に入っていて、その日のことは何も知らないから、自分には関係ない」と言って放っておくか、そこが大きな分岐点になるのではないかと思います。リーダーは一般スタッフと同じ働き方ではダメだと思います。

（2）スタッフの当日になっての急な欠勤

福祉・介護の施設・事業所では、スタッフの当日の急な休みで現場が手薄になり、業務に支障を来すようなことがしばしば問題になります。それに対して、現場のリーダーから、「もっと余裕のある職員配置にして欲しい」という要望が上がってくることもしばしば耳にします。

ここで少し考えてみたいのですが、はたして職員配置の問題でしょうか。

私は、仕事柄多くの福祉・介護事業所の経営分析を行っていますが、国が示す職員配置基準を超えて職員を多く配置している事業所がほとんどです。これは介護事業所だけではありません。障害者施設も保育所もそうです。

職員配置としては十分に配置しているにもかかわらず、現場は常に「人が足りない、忙しい」の大合唱になっています。ここで意識していただきたいことは、リーダーは、決められた職員配置で現場を回すということが使命だということです。

リーダー自らが「人が足りない。現場が忙しい」と言えば、一般のスタッフは「そうなんだ。この忙しさは人が足りないからだ」と思い込んでしまい、職場全体が人が足りない、人が足りない病に侵されていきます。リーダーは「忙しい。人が足りない」という言葉を発することは恥ずかしいことだという意識が必要だと思います。

一般企業には、国が決めてくれる職員配置基準などありません。経営効率を考えてぎりぎりの人数で仕事をしています。そこで「忙しい。人が足りない」と言えば、そのリーダーは無能という烙印《らくいん》を押されてしまいます。「自分が業務改善できないから忙しいんだろう。そんな愚痴をこぼしている暇があったら、今の人数でやれるような工夫を考えろ」と言われます。

人がやる仕事には「ムリ・ムダ・ムラ」がつきものです。それは一般企業であれ福祉・介護の職場であれ同じです。日々同じことの繰り返しの中には必ず「ムダ」が潜んでいます。以前も書きましたが、「この作業はなぜやっているのだろうか」、「何の目的でやっているのだろうか」、「この作業を止めてもはたして支障はあるだろうか」ということを常に考えながら業務を見直すのが、現場のリーダーの役目です。

まずこうしたことを押さえておいて、当日の急な欠勤の対応について考えてみましょう。

当日の急な休みに対応するために、1日フリーのスタッフを勤務表で配置している事業所を見かけます。そうしたところも実際多いのではないでしょうか。こうした仕組みをあらかじめ導入することで当日の急な欠勤に対応するということが可能になるのではないでしょうか。

また、リーダー自身が日々の業務に組み込まれない、フリーな状態にしておくことも重要です。そもそもリーダー自身が業務に組み込まれていると、全体を見通してのその日の業務管理や「ムリ・ムダ・ムラ」の業務改善などに取り組めません。まず、リーダーが日々の業務に入らなくてもすむような体制作りに取り組んでいただきたいと思います。

それから、当日急に休んでしまうスタッフに対する教育指導も大事です。福祉・介護の事業所で話を聞くと、そのようなスタッフはたいてい特定されるそうです。多くのスタッフは当日急な欠勤をするわけではありません。そうすると、特定の職員に対して何かしらのアプローチをすることが、リーダーには求められるのではないでしょうか。

最近は、プライベートにはお互いあまり踏み込まないという風潮があるようですが、仕事とプライベートはつながっています。夜更かしする習慣が身についてしまっているスタッフは寝坊することも多いでしょう。お酒が好きなスタッフもいると思います。しかし24時間はつながっているので、プライベートで無理をすれば必ず翌日に響きます。「体調不良」という表向きの理由をそのままにして、リーダーが何も教育指導しなければそれは軽い問題だと受け取られてしまいかねません。そして繰り返されることにもなってしまいます。そうしたケースには、恨まれることを恐れずにしっかりと注意をして欲しいと思います。

ザ・ボディショップやスターバックスコーヒー・ジャパンを展開するイオンフォレストなどで社長を務めた岩田松雄氏は、『「ついていきたい」と思われるリーダーになる51の考え方』（サンマーク出版）の中で「怒られても恨まれても決めなければいけないことがあるのです。リーダーは、恨みに任ずる覚悟が必要です」と書いておられます。私もまったくそのとおりだと思います。1人の甘えを許すことで他のスタッフ全員が被害を被ることになるからです。

また、女性が多い職場なので、家庭の事情で急な休みが多いということもよくあるようです。

「子供が熱を出してしまったので今日休ませてください」とか、「親の病院に付き添わなければならないので今日休みます」などの理由で当日急に休まれます。

女性が8割、男性2割のこの業界では、常にこうしたことが起きています。本当にやむを得ない理由もあると思います。

しかし、たび重なるようであれば、リーダーが1度、家庭の事情も含めてしっかりと話し合いを持つことも大事なのではないでしょうか。そして事前にここまでというラインを決めておくことも必要だと思います。

福祉・介護の現場では、利用者の命を預かっているわけです。利用者第一という割には、自分の家庭の方を大事にしているという、建前と本音の部分をどう考えるのか、あるいは、お金をもらって働く責任と義務についてどう考えるのか、こうした基準を明確にしておいて、管理職としてのリーダーが教育指導することも大事ではないかと思います。

また、経営者は採用面接時に家庭の事情がどれだけ発生するか押さえておく必要があると思います。小さい子供さんがいる家庭なら親の協力が得られる環境なのか、だれか家庭の周りで協力してくれる人がいるかなどを確認して、あまり働く上で足かせが大きいようであれば採用を見送るとか、勤務形態を特定するとかの方策を取ることも考えてみる必要があると思います。

2 〝困ったスタッフ〟への対応策

福祉・介護の業界は中途採用中心なので、そこで働くスタッフの年齢構成は、多くの一般企業から比べるとかなりばらつきがあります。

一般企業の場合、20代から50代まである程度均等になっているところが多いようですが、福祉・介護の業界は、事業所によってまちまちです。

50代が多くを占めている事業所もありますし、30代が中心の事業所もあります。一方では、20代中心の事業所もあります。これは、採用と離職の関係が大きく影響していると思います。資格や経験を重視して採用している事業所は概して平均年齢が高いです。また、比較的施設規模が大きな社会福祉法人などで、シングルマザーや家庭の事情を抱えている女性にとって労働条件が良い事業所なども概して平均年齢が高いです。あるいは、新卒中心でそして離職も多いようなところは中堅層がいなくて20代が多かったりします。

こうした年齢構成の実態がありますが、共通することは、若い年齢層のスタッフは環境変化に柔軟ですが、高い年齢層になるにしたがって、環境変化にかたくなな傾向があります。当然ですが、これにはもちろん例外もあります。若くても、できない理由ばかりを言って、現状に甘んじようとする人もいますし、一方で、年齢が高くても常に環境変化に柔軟で素直な考え方ができる人もいます。高い年齢ほどという言葉を使いましたが、環境にどっぷりつかったという表現の方がよいのかもしれません。

(1) 自分のやり方に固執するタイプ

かつて自分が、一度身につけた利用者サービスの仕方を見直さないで、ずっと同じやり方に固執しているような人を見かけます。

また、新しく入ってきたスタッフに対しても、そうした自分のやり方を押し付けたりしています。非常に困った存在ですが、当の本人は、あまり意識していないように思えます。

リーダーは、ときにはちょっとした時間を使って小さな勉強会を開いて業務基準を合わせていくことや、定期的なグループワークなどで他のスタッフとの意見交換ができるような場を作ることも大事だと思います。そして、そうしたグループワークの場で、より良い方法や手順を考えていくというような習慣を根付かせることも必要だと思います。

（2）新しい理論や考え方に批判的なタイプ

先ほどの「自分のやり方に固執するタイプ」と重なりますが、経験が長くなればなるほど、新しい理論や考え方にアレルギーを持つ人たちが増えていくように感じます。

専門学校や福祉系の四年制大学を出てきて、最新の理論や考え方を勉強してきた若い人が疑問に思って訊ねたりすると、なかば感情的になって「理論と現場は違う」などと切って捨ててしまうようなこともあるようです。大げさにいうと、若い人の理想や夢が壊れる瞬間です。

たしかに理論は理論です。現場で、即応用するには大きなハードルがいくつもそびえています。それはその事業所の風土であったり、施設長やトップの考え方であったり、現場リーダーの知識レベルであったりということもあるでしょう。また、そもそも最新の理論を学んでいても、それを実践にどう生かすかまでは学校では教えてくれないので、学校を出たばかりの経験のない若手では、現実に落とし込むことは難しいということもあるでしょう。

私は、理論は鏡だと考えています。鏡はその実体を正反対に映しだします。自分の顔は実際、鏡で見るときと左右まったく逆の顔なわけです。ですから鏡で見たものをそのまま現実と考えてしまうと、厳しい現実にさらされることになります。理論だけで現場を変えようとしても大きな抵抗や反発を受けることになるでしょう。

男性は、鏡を見て髭《ひげ》をそるとき、鏡だけを当てにしてはいません。手を添えながら髭の位置を確認してそっていきます。理論と現実はまさにそのような関係で「手を添える」というひと手間がないと、理論は現実には落ちては行きません。

このひと手間が理論を現実に落とし込む際に必要になってきます。そうすると、鏡である理論だけではどうにもならないわけです。それが「理論と現場は違う」という言葉が返ってくる理由ともいえます。

しかし、経験だけで理論の裏付けがないとこれもまた非常に危険です。顔を傷つけてしまうかもしれません。リーダーは、常に新しい理論や考え方に触れて今の現場にどう落とし込むかということも考えなければいけない立場なのではないでしょうか。

(3)「何をやっても変わらない」と斜に構えているタイプ

非常に難しい人たちです。人間、成長するには素直な心が一番大事だと、松下幸之助さんはいろいろなところで述べ、書物にもたくさん書かれています。なかなか実践することは難しいわけですが、そういう意識を持って日頃生きているか、そんなことは関係なく自分の都合だけで生きているか、日々を重ねるうちに大きな違いとなって現れてくるのではないでしょうか。

素直な心とは「自分の都合でものを見ない」ということだそうです。自分の都合だけでものを見ていると周りに問題があるようにしか思えなくなります。今、自分が置かれている環境に対して不平不満ばかりが募り、人にこうして欲しい、周りが変わりさえすれば解決する、ということばかり考えるようになります。自分はこう思っているのに周りが変わらないからここはダメだと環境のせいにして自分でその環境を引き受けようとしません。

良い組織風土とは、こうした人たちのマイナスの力を無力化することができます。「ああ、また言ってる」とみんなが相手にしません。ところがあまり良くない組織風土の場合、こういう人たちに引っ張られてしまいます。リーダー次第で組織風土も決まってきます。

(4)「一生懸命やっているから自分たちは何も変える必要がない」と言い張るタイプ

「ムリ・ムダ・ムラ」の業務改善がされない現場の犠牲者といっていいかもしれません。1日慌ただしくバタバタと動き回っています。休憩時間もまともに取れずに頑張っています。でも優先順位を考えて仕事をするという意識は低いように思われます。

行き当たりばったりでその場その場の対応に終始しているから忙しいのです。忙しいイコール一生懸命やっているということになって、これ以上、何を求めるんだという考えに捉われているように思えます。

リーダーが業務改善をして日々の仕事のムダ取りをしてあげないとこうした意識の人たちが増えていきます。

(5)「人さえ増やせば解決する」と何も考えないタイプ

現場がいつも忙しいのは、経営層が人を入れないからだと思い込んでいるタイプです。実際には、職員配置は十分すぎるほどなのですが、「忙しいのは、人が足りないからだ」と思い込んでいます。ですから「この人数でどうすればできるか」というふうには考えてくれません。

また、自分たち現場の動きが経営に直結するということも理解してくれません。リーダー自らが「忙しい。人が足りない」が口癖の場合、こうした人たちが増えていきます。

3 業務改善は小グループ活動で小さな成功を積み重ねる

福祉・介護の現場では、日々の利用者サービスでしなければならないことが決まっています。それをやってるだけで1日が過ぎていきます。次に出勤してきたらまた、基本的に同じことの繰り返しです。仕事の大半はルーチンワークになっているといってもいいかもしれません。また、見方によっては、仕事が1日1日で完結します。今日が終われば終わりで、明日は今日の仕事と連続しているという継続性がなかなか保てない仕事ではないでしょうか。

こうした仕事の性質上、業務改善になかなか取り組めないという現状もあるように思います。自分たちの職場でできる業務改善を考えてみる必要があると思います。ここではそれについて考えていきます。

(1) 24時間交代勤務に有効なブレーンストーミングとKJ法の活用

多くの一般の会社と違って、24時間サービスの福祉・介護の現場では、スタッフを一度に集めることができません。みんなのアイデアを募りたいときでも、集まれる人数は限られています。

また、一般の多くの会社がやっているように、リーダーが事前に自分の部署のスタッフの意見を聞いておいて、それをまとめて会議で出し合うということもあまりされていません。そのような現状や制限がある中で、より多くの意見を集約して業務改善につなげる方法としては、どのようなことが考えられるのでしょうか。

ある福祉施設で実際に行って、成果を出しているやり方があります。それを紹介してみたいと思います。これは、あらかじめテーマを提示しておいて、会議の日までにスタッフ1人ひとりから意見やアイデアを募っておくという方法です。

たとえば、手書きとパソコン入力が併存していて重複した作業が発生していたとします。これをどうすれば重複作業にならずに1つに集約できるかというテーマでスタッフ全員から事前に意見やアイデアを募っておきます。英知を集めるのです。みんなから集めることで良いアイデアも集まる可能性が増えます。

何か会議をやって決めようとしても、いつも同じメンバーだけでは、それほど画期的なアイデアが出てくるわけではありません。ここでは質より量、できるだけ多くのアイデアを募ることを目的とします。また、奇抜なアイデアも制限しないようにします。とにかく思いつくことを何でも1つでも多く出してもらいます。このような手法をブレーンストーミングといいます。

そしてみんなからアイデアを集めた上で会議を開きます。この会議では、KJ法という手法を使って具体的な改善対策を練り上げていきます。KJ法は、ご存じの方も多いと思いますが、発明者の川喜田二郎（東京工業大学名誉教授）氏のイニシャルにちなんでKJ法といっています。

KJ法を使って、テーマに対する解決策や、解決策まで導かれなかったとしてもヒントのきっかけをつかむようにします。ヒントのきっかけでもつかめれば次につなげていくことができるからです。

ここでKJ法について簡単な説明をしておきます。詳しくは、川喜田二郎著『発想法——創造性開発のために』（中公新書）をお読みいただければと思います。

① ブレーンストーミングで出されたアイデアや意見を1枚ずつ小さなカード（ポストイット等）に書き込みます。その際、注意していただきたいことは、カード1枚に対してワンメッセージでまとめておくということです。

ブレーンストーミングで出されたアイデアや意見には、1つの文章に複数のことが関連付けて書かれていることもあります。そのような文章を分解して簡潔な1つずつのメッセージに分けていく作業がここで必要になります。そして、カード1枚1枚にそれぞれタイトル（見出し）を付けます。

② 次に、それらのカードの中から近い感じのするもの同士を集めてグループ化します。それを小グループとしてまとめます。そしてその小グループにもタイトル（見出し）を付けておきます。

③ 続いて、小グループ群を見渡してさらに似たような、あるいは関係性のあるものにまとめて中グループを作ります。この中グループにもタイトル(見出し)を付けておきます。

④ 次に中グループを同じ要領で大グループに分類します。このあたりになってきますと大体3～4つの大グループでまとまってくると思います。

⑤ 最後に大グループ間の関係性を矢印等を使って関連付けていきます。そしてそれを1つの文章、シナリオにまとめてみます。

こうした作業の中から、テーマの解決に役立つヒントやひらめきを生み出していくという方法です。

リーダーは、小さなことから始めて小さな成功体験を積み重ねて欲しいと思います。小さな成功体験の積み重ねが現場の改善につながります。このことを固く信じて業務改善に取り組んで欲しいと思います。

(2) リーダーは他責ではなく自責で考える

先ほど、斜に構えるタイプのところでも書きましたが、自分の問題として捉えない、すぐに他人や環境のせいにして自分では何もしようとしない、批判や問題だけを指摘するだけというようなことでは、リーダーとしては問題があります。

常に「他責ではなく自責で考える」という習慣を心がけていただきたいと思います。

他責というのは、何でも周りや環境や経営層のせいにして何もしない、何も考えないという姿勢です。よく「上が決めたから自分は聞いていない。知らない」と言って、上から落ちてきた方針やルールについてスタッフにしっかり説明もしない、浸透させようと努力もしないリーダーを見かけます。組織を円滑に運営する上で大きな障害です。これが他責というものです。組織で「聞いていない。知らない。自分はわからない」は禁句なのです。

一方、自責とはこの問題に対して自分自身が当事者としてどう向き合うかという姿勢です。わからなければ、自分が納得するまで聞いてみよう、という姿勢です。今置かれている環境を自分で引き受けるのです。

できない理由ばかりあげつらって何もしようとしない、何も考えないのが他責です。自責とはそれはどうすればできるだろうか、そこに横たわる障害に対してどのように克服する手段があるだろうかを考え続けることだと思います。

リーダーには、ぜひとも自責で考えて責任を果たしていただきたいと思います。

4 リーダーは志を抱いて目標に向かっていく

福祉・介護の仕事は尊い仕事です。他人の命を預かる重要な役目があります。国民の生活を保障する社会保障の一翼を担うものです。福祉・介護の仕事には、国を支える重要な使命があるわけです。

したがって、そこで働く現場のリーダーには、志を持ってもらいたいと思います。志を持つためにはどうするか。ものごとを俯瞰的に捉えるということが大事になります。日々、現場を回すだけ、利用者の笑顔を見たいだけということに終始しないことです。

自分たちの事業所を通して日本を良くしたい、国民の生活をもっと良くしたい、国民の税金をムダ遣いしないということをときには考えてみることも必要でしょう。

福祉や介護という社会事業の使命は利益を追求することではありません。その使命は、社会を変革して人々を豊かにすることだといわれています。そうした視点に立ってリーダーとしての志を胸に抱いていただきたいと思います。そしてその志に向かって自分なりの目標を立てて欲しいと思います。

目標のない活動には成長は望めません。前述しましたが、去年の今頃とまったく同じ仕事をしているとしたら、その人は成長していないということになります。

日々のルーチンワークに埋没しないで目標に向かって仕事を考えてみましょう。きっと新しい考え方や働き方に出会えると思います。

【著　者】

大坪信喜（おおつぼ　のぶよし）

1957年生まれ。神奈川県横須賀市在住。大手電機メーカー（富士通）等でシステムエンジニアとして勤務した後、福祉の世界へ。神奈川県内特別養護老人ホームの事務長、山形県内老人保健施設の事務長、新潟県内軽費老人ホームケアハウスの施設長を歴任し、1999年から株式会社川原経営総合センター 福祉経営コンサルティング部 シニアコンサルタントとして社会福祉法人、介護事業所の経営コンサルティングに従事する。年間80回以上の業界向け講演、セミナーの講師、川崎医療福祉大学医療福祉マネジメント学部非常勤講師を務める一方、アクア株式会社の取締役として介護保険事業所の経営に携わる。全国社会福祉協議会発行の雑誌等への寄稿多数。

「厚生労働省指定 社会福祉施設長資格」「東京都福祉サービス第三者評価者」の資格を有する。

【著書】『福祉・介護の職場改善　会議・ミーティングを見直す』（実務教育出版）

福祉・介護の職場改善
リーダーの役割を果たす

2014年９月10日　初版第１刷発行
2017年12月20日　初版第２刷発行

著　者　大坪信喜
発行者　小山隆之
発行所　株式会社 実務教育出版
東京都新宿区新宿１－１－12　〒163－8671
☎ 編集 03－3355－1812　販売 03－3355－1951
振替 00160-0-78270
ＤＴＰ　ブックファーム
印　刷　シナノ印刷株式会社
製　本　東京美術紙工

検印省略
ISBN 978-4-7889-1079-9 C2034

好評既刊

福祉・介護の職場改善
会議・ミーティングを見直す

株式会社 川原経営総合センター 監修
大坪信喜 著

福祉・介護の職場での会議・ミーティングに焦点を当て、現状のさまざまな問題点を指摘しながら、計画・準備、運営・進行、フォローの基本、改善のポイントを具体的に解説。

Ａ５判／200ページ／定価：本体1600円＋税
ISBN978-4-7889-0310-4

実務教育出版の本